ENCIENDE
TU CRECIMIENTO

PERSPECTIVAS Y ESTRATEGIAS PARA
FLORECER EN LA VIDA Y LA CARRERA.

JAZMÍN DÍAZ

El diseño interior y de portada de este libro fue realizado en colaboración con:

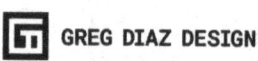

GREG DIAZ DESIGN

www.gdd.media

DEDICATORIA

Antes que nada, le debo mi más profunda gratitud a Dios. Su guía y presencia en mi vida han sido mi piedra angular, dándome fuerza, sabiduría y valor para perseguir mis sueños. Mi fe ha sido una fuente constante de fortaleza, descubrimiento, paz e inspiración a lo largo de este camino.

A mi esposo, Gabriel: gracias por creer en mí y por apoyarme siempre… ¡y por aguantarme durante un cuarto de siglo! ¡Te amo muchísimo!

A mis hijos, Alejandra Jazmín ("AJ"), Gabriel Jr., Isaac e Isaiah —mis mayores tesoros. Los amo con todo mi corazón. Persigan siempre sus sueños con intención, determinación e integridad. Abracen los desafíos como oportunidades para crecer y nunca pierdan de vista lo que realmente importa. Disfruten los placeres simples de la vida, manténganse fieles a ustedes mismos y dejen que su luz brille intensamente en todo lo que hagan.

A mis ahijadas —Aaliyah, Brianna, Trinity y Malaysia— jóvenes hermosas, fuertes y extraordinarias. Las adoro a cada una y espero ansiosamente ver los futuros increíbles que crearán.

Y por último, a mis padres, mis abuelitos y mis hermanitos y hermanitas. ¡Los quiero mucho, con todo mi corazón!

AGRADECIMIENTOS Y GRATITUD

Son muchas las personas increíbles que le han dado forma a este camino de escribir Enciende tu crecimiento. Su guía y su fe en mí han sido fundamentales para mi crecimiento personal y profesional.

Estoy profundamente agradecida con cada una de ellas.

Vonnie French:

Una querida amiga y mentora que ha sido una luz constante en mi vida. Su influencia e inspiración han sido inquebrantables, guiándome en distintas etapas de este recorrido con sabiduría y bondad.

Brett Eldridge:

Exjefe y mentor que, tal vez sin saberlo, se convirtió en una influencia esencial en mi desarrollo profesional. Lo que más valoré de Brett fue su capacidad para ver mi potencial, incluso cuando yo misma dudaba. Su ánimo y sus desafíos me empujaron fuera de mi zona de confort y despertaron un crecimiento que nunca imaginé posible.

Kristi Kawano and Sandra Ramirez-Everett:

Dos mujeres extraordinarias que han sido mentoras, maestras y animadoras incansables desde que comencé mi transición hacia la industria tecnológica. Estoy profundamente agradecida por su orientación y aliento, que han sido fundamentales para ayudarme a crecer, desarrollar mis habilidades y prosperar en un nuevo espacio.

Matthew Stauble:

Exjefe y mentor que supo reconocer mi potencial y me brindó oportunidades que me permitieron crecer y prosperar. Su confianza en mis capacidades me dio el impulso para convertirme en una líder segura y competente, y por ello le estoy profundamente agradecida.

Robert Munne:

Un apoyo constante a lo largo de mi carrera en tecnología. El ánimo inquebrantable de Robert y su fe en mi potencial me han motivado una y otra vez a apuntar más alto y confiar en mis propias habilidades. Su respaldo ha sido un pilar fundamental en mi crecimiento y éxito.

Greg Marchwinski:

Amigo, colega y mentor de confianza que ha sido una fuente constante de empoderamiento en mi camino profesional. Sus perspectivas de apoyo y fe en mis capacidades me han impulsado a crecer y a seguir aspirando a más.

TABLA DE CONTENIDOS

Introducción 1

Capítulo 1: Definir el éxito 3

Capítulo 2: Mentalidad: crecimiento vs. mentalidad fija 7

Capítulo 3: Tomar riesgos inteligentes 11

Capítulo 4: Mantenerse firme ante la adversidad 15

Capítulo 5: Gestionar tu tiempo: sé selectivo y prioriza 19

Capítulo 6: El poder de decir no 25

Capítulo 7: Abrazar tus debilidades 29

Capítulo 8: Priorizar la salud mental y tu bienestar 33

Capítulo 9: Cómo navegar las relaciones en el trabajo: compañeros vs. amigos .. 37

Capítulo 10: Los peligros del happy hour: cuida tu imagen profesional 41

Capítulo 11: Establecer metas realistas y elegir el momento oportuno 45

Capítulo 12: Conciencia situacional y autoconciencia 49

Capítulo 13: Autorregulación 53

Capítulo 14: Aboga por ti mismo y negocia con confianza 57

Capítulo 15: Hablar en público: encontrar tu voz y construir confianza 61

Capítulo 16: El poder del *networking* 67

Capítulo 17: Sentirse cómodo con la incomodidad 71

Capítulo 18: Invertir en ti mismo 75

Capítulo 19: Vestir para el éxito 79

Capítulo 20: Alianzas ocultas 83

Capítulo 21: Domina tu espacio mental y social 87

Conclusión y reflexiones finales 93

Sobre la autora 95

Recursos 105

INTRODUCCIÓN

"No avanzas quedándote al margen, lamentándote y quejándote. Avanzas implementando ideas."
— Shirley Chisholm

A lo largo de mi vida he aprendido que alcanzar cualquier meta requiere intencionalidad, iniciativa y compromiso. Sin importar las circunstancias que enfrentes o las cartas que te hayan tocado, tienes el poder de moldear tu camino. Este libro ofrece perspectivas y experiencias sobre cómo crecer tanto personal como profesionalmente, sin importar en qué punto de tu vida o carrera te encuentres.

Mi esperanza es inspirarte a Encender tu crecimiento y florecer hasta convertirte en la persona que aspiras ser, icon gracia, determinación y ganas!

Al embarcarte en este viaje de desarrollo y autodescubrimiento, es importante comenzar por definir qué significa el éxito para ti. El éxito es único para cada uno de nosotros, y comprender tu propia definición te ayudará a navegar las estrategias y perspectivas compartidas en este libro. Al articular con claridad cómo luce el éxito para ti, estarás mejor equipada para aplicar los principios que más resuenen con tu camino

Comencemos explorando el concepto de éxito y cómo puedes moldearlo para que se alinee con tus valores fundamentales, metas y aspiraciones.

CAPÍTULO 1

DEFINIR EL ÉXITO

"Define el éxito en tus propios términos, alcánzalo según tus propias reglas y construye una vida de la que te sientas orgulloso de vivir." — Anne Sweeney

Comprender el éxito personal

El éxito es un concepto profundamente personal que varía de una persona a otra. Es fundamental reconocer que lo que representa el éxito para alguien puede no tener el mismo significado para otro. Esta diversidad en las definiciones es lo que hace que la búsqueda del éxito sea un camino único y personalizado.

Mi definición de éxito

Para mí, el éxito significa conocer y vivir mi propósito mientras construyó una carrera alineada con mis valores y que me brinde un profundo sentido de realización. El éxito no se trata solo de logros profesionales, sino de ser alguien que ayuda a los demás según sus posibilidades. También significa ser una madre amorosa y solidaria para mis hijos, una compañera comprometida con mi esposo, y asegurarme de que mi familia tenga todo lo necesario para vivir una vida saludable y plena.

Basándome en esta definición personal de éxito, puedo decir con humildad y orgullo que soy una mujer exitosa; y cada día le agradezco a Dios por la vida abundante con la que me ha bendecido.

Enfocarte en tu propio camino

Medirte en función de los logros y éxitos de otras personas puede ser perjudicial y quizá dificultarte alcanzar tus propias metas. Es fundamental que te concentres en tu propio recorrido. Identifica los pasos y acciones que necesitas dar para comenzar tu camino hacia el éxito, y no te preocupes por lo que otros estén persiguiendo. Enfócate en ti. Somos, como individuos, responsables de nuestra propia felicidad y de lo que logramos. Nuestra felicidad y nuestro éxito no son responsabilidad de nadie más que nuestra.

Crear un plan personalizado

Una vez que hayas identificado cuál es tu verdadera definición de éxito, vas a necesitar un plan y una línea de tiempo para alcanzar tus metas personales. Es en este momento cuando la disciplina y la responsabilidad personal se vuelven fundamentales. Diseña un plan realista y una línea de tiempo que te permita avanzar hacia tus logros únicos, y lo más importante: comprométete contigo mismo a cumplir lo que te propongas. Para avanzar en este camino vas a necesitar iniciativa, constancia y disciplina. Es probable que encuentres desafíos y obstáculos e n el trayecto; abrázalos, porque te aportarán resiliencia y crecimiento.

Superar los desafíos

Es importante reconocer que, por lo general, el camino hacia el éxito está repleto de desafíos. Somos dueños de elegir nuestra mentalidad, y, por lo tanto, podemos decidir si enfrentamos las dificultades como víctimas o como protagonistas. Estas dificultades no son retrocesos, sino partes esenciales del proceso que te brindan aprendizaje, fortalecen tu carácter y construyen resiliencia. Yo también he tenido momentos en los que me he sentido derrotada, pero una y otra vez tomé la decisión consciente de levantarme y seguir adelante.

Te animo a no perder de vista lo que estás intentando lograr ni a desmotivarte cuando las cosas se pongan difíciles; habrá momentos de prueba, pero con enfoque y determinación vas a superar los obstáculos que se crucen en tu camino. ¡Tú puedes!

Reflexionar y ajustar

A medida que avances, tómate tiempo regularmente para reflexionar sobre tus objetivos y logros, y celebra cada paso conseguido. Ajusta tus planes según sea necesario para mantenerlos alineados con tu definición de éxito, que también puede ir evolucionando. Recuerda que el éxito es un proceso dinámico y continuo, no un destino fijo. Las cosas inevitablemente cambiarán, recordándote que no siempre tienes el control. Pero si te mantienes flexible, estarás en una mejor posición para tener éxito.

Al definir el éxito según tus propios criterios, te das el poder de buscar una vida que sea realmente gratificante y que esté repleta de sentido. Acepta tu camino único y deja que tu propia definición del éxito te conduzca hacia una vida plena.

CAPÍTULO 2

MENTALIDAD: DE CRECIMIENTO VS. MENTALIDAD FIJA

"No puedes tener una vida positiva con una mente negativa."
— Joyce Meyer

La mentalidad es una fuerza poderosa que moldea tanto nuestra vida personal como profesional. Tenemos la opción de adoptar una mentalidad de crecimiento o una mentalidad fija. Una mentalidad de crecimiento acepta los desafíos y ve los fracasos como oportunidades para aprender, mientras que una mentalidad fija evita los retos y percibe el fracaso como una señal de limitaciones que no se pueden cambiar.

Mi crianza y el entorno en el que crecí me llevaron, durante los primeros años de mi vida y carrera, a tener principalmente una mentalidad fija. Al reflexionar sobre esos tiempos, a menudo me pregunto cómo habrían sido las cosas si hubiera adoptado antes una mentalidad de crecimiento. Para desarrollarse y florecer, uno debe estar abierto a aprender y dispuesto a aplicar nuevas prácticas.

Comprendiendo la mentalidad de crecimiento vs. la fija

Una mentalidad de crecimiento se caracteriza por la creencia de que los desafíos que enfrentamos son oportunidades para fortalecer nuestras habilidades y capacidades.

Esta mentalidad fomenta el amor por el aprendizaje y la resiliencia, elementos esenciales para lograr grandes cosas. Por el contrario, una mentalidad fija parte de la creencia de que las habilidades son estáticas e inmodificables. Esta mentalidad limita el crecimiento, el aprendizaje y el éxito.

En la siguiente ilustración verás algunas cualidades asociadas con ambas mentalidades.

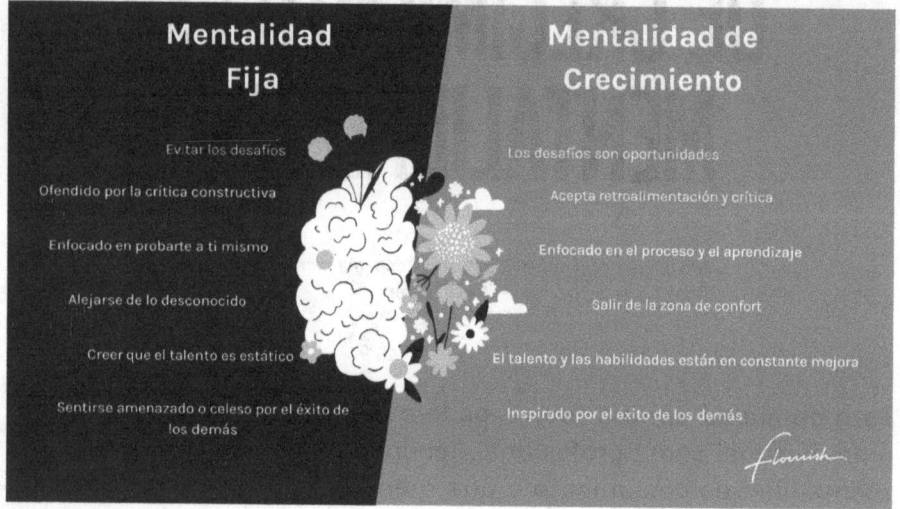

Escenario del mundo real: el poder de la mentalidad

Veamos un escenario que ilustra el impacto de tener una mentalidad fija versus una mentalidad de crecimiento:

Estás en una reunión con colegas y líderes del equipo, y una compañera, Ana, presenta un informe sobresaliente sobre el estado del negocio. Ana es una experta en la materia, aporta perspectivas diversas con una presentación impecable y logra conectar con la audiencia. Es claramente una integrante valiosa del equipo y una estrella en ascenso dentro de la empresa.

Respuesta con mentalidad fija: Tom, un colega con mentalidad fija, se siente amenazado por la presentación de Ana. Está molesto y envidioso, y percibe su éxito como un reflejo de sus propias carencias.

En lugar de reconocer lo que podría mejorar, Tom reacciona de forma hostil y poco profesional hacia Ana.

La excluye de reuniones y otros espacios de trabajo para evitar interactuar con ella, lo que no solo la aísla, sino que también lo priva a él de oportunidades de colaboración y aprendizaje.

Respuesta con mentalidad de crecimiento: Por otro lado, si Tom adoptara una mentalidad de crecimiento, celebraría la rigurosa investigación de Ana y el esfuerzo que puso en su presentación. Al reconocer sus propias lagunas de conocimiento, Tom se acercaría a Ana en privado para pedirle orientación y consejos. Al hacerlo, fortalecería el vínculo profesional y aprendería de su experiencia. Esta colaboración mejoraría el trabajo en equipo y crearía un ambiente laboral más positivo y productivo.

Reflexión y aplicación

¿Notas la diferencia? Una mentalidad fija limita el aprendizaje, la colaboración, el crecimiento y el éxito en general, tanto a nivel individual como de equipo. En cambio, al adoptar una mentalidad de crecimiento, te abres a la mejora continua y a logros cada vez mayores.

Te desafío a que identifiques en tu pasado momentos en los que hayas actuado desde una mentalidad fija. Reflexiona sobre los resultados. Luego, considera cómo podría haber cambiado o mejorado esa situación si hubieras adoptado una mentalidad de crecimiento. ¿Cómo podrías haber abordado el desafío de otra manera? ¿Qué podrías haber aprendido o alcanzado con una actitud más abierta y flexible?

Consejos prácticos para desarrollar una mentalidad de crecimiento

- Abraza los desafíos: considera los desafíos como oportunidades para crecer. No les huyas a las tareas difíciles; enfréntalas con determinación y aprende de la experiencia.

- Aprende de las críticas: la crítica constructiva —aunque al principio no lo parezca— es un regalo y una herramienta valiosa para crecer. Busca comentarios de personas de confianza en tu equipo y escúchalos con una mente abierta. Es una excelente manera de detectar tus debilidades y trabajar para superarlas.

- Celebra tus logros: celebra tus logros, por pequeños que sean. Reconoce el esfuerzo y el aprendizaje invertidos para alcanzar dichas metas. Valorar lo que has logrado gracias a tu dedicación es clave para mantener la motivación y seguir avanzando.

- Persiste y adáptate a través de los reveses: es importante entender que los tropiezos son parte natural del proceso de aprendizaje. Úsalos como una oportunidad para revisar tu estrategia y ajustarla si es necesario. No es fácil enfrentarlos —te lo dice alguien que ha pasado por muchos—, pero la clave está en crecer a través de ellos, no solo en atravesarlos.

- Cultiva la curiosidad: mantente curioso y sigue aprendiendo. Busca nuevas experiencias, habilidades y conocimientos para ampliar constantemente tus capacidades. Activar tu curiosidad puede abrirte las puertas a un aprendizaje abundante. Haz preguntas y evita asumir cosas sin fundamento.

Al adoptar una mentalidad de crecimiento, te encaminas hacia una mejora continua y al éxito. Recuerda: el recorrido es tan importante como el destino, porque es el proceso el que moldea quién eres hoy y quién puedes llegar a ser mañana. Abraza el proceso, aprende de cada experiencia y sigue esforzándote por ser mejor cada día.

CAPÍTULO 3

TOMAR RIESGOS INTELIGENTES

"El riesgo proviene de no saber lo que estás haciendo."
— Warren Buffett

En la vida, a menudo nos encontramos en encrucijadas donde una sola decisión puede cambiar significativamente nuestro futuro. Uno de esos momentos, para mí, fue el día en que decidí dejar el distrito escolar y aventurarme en la industria tecnológica. Esa fue una de las mejores decisiones arriesgadas que he tomado, pues ha moldeado mi carrera de formas que jamás habría imaginado.

En ese entonces, trabajaba cómodamente dentro del sistema escolar. El empleo era estable, el trabajo gratificante y tenía muy claro cuál era mi función. Sin embargo, sentía una inquietud creciente, la sensación de que no estaba aprovechando todo mi potencial. Sabía que quería lograr más, y empecé a ver en la industria tecnológica –entonces en auge– un espacio donde podría ponerme a prueba y crecer.

Dar el salto del distrito escolar a la industria tecnológica no fue fácil. Implicaba dejar atrás la familiaridad y la seguridad que mi trabajo de aquel entonces me brindaba, para adentrarme en lo desconocido. Tuve que sopesar los posibles beneficios frente a las desventajas y los riesgos. ¿Sería capaz de tener éxito en un espacio completamente diferente?

¿Estaba preparada para afrontar la curva de aprendizaje y la posibilidad de fracasar? ¿Cómo afectaría esto al bienestar de mi familia? Estas eran preguntas que no dejaban de rondar mi mente.

Sin embargo, las posibles recompensas eran demasiado significativas como para ignorarlas. La industria tecnológica ofrecía oportunidades dinámicas, la posibilidad de trabajar en proyectos innovadores y un potencial enorme de crecimiento profesional. Me di cuenta de que quedarme en mi zona de confort significaba renunciar a estas oportunidades y, quizás, limitar mi desarrollo.

Desde la perspectiva del liderazgo con propósito, asumir riesgos inteligentes se trata de tomar decisiones calculadas y confiar en uno mismo. Se trata de evaluar los posibles beneficios y desafíos, y de tener el valor de perseguir oportunidades que estén alineadas con tus metas a largo plazo. Un riesgo inteligente no consiste en lanzarse a ciegas, sino en tomar decisiones informadas que te saquen de tu zona de confort, con plena conciencia de los desafíos potenciales.

Así fue como abordé la decisión entre quedarme en mi cómodo puesto escolar o dar el salto a la industria tecnológica:

- Investigación y preparación: dediqué tiempo a investigar el sector tecnológico, comprender sus exigencias e identificar las habilidades que necesitaba desarrollar. Me contacté con profesionales del sector, busqué mentoría y tomé cursos para cerrar mi brecha de conocimiento.

- Autoevaluación: evalué mis fortalezas y debilidades, y analicé cómo mis habilidades de entonces podían transferirse al nuevo espacio y también qué debía mejorar. Esta autoevaluación honesta fue clave para fortalecer mi confianza y prepararme para la transición.

- Sistema de apoyo: me apoyé en mi red de confianza —mi esposo, mi familia, mis amistades y mentores— quienes me brindaron ánimo y consejos valiosos. Su confianza en mí fortaleció también mi propia autoestima.

- Cambio de mentalidad: adoptar una mentalidad de crecimiento fue esencial. Sabía que enfrentaría retos y retrocesos, pero estaba comprometida con aprender de cada experiencia y mejorar de manera continua.

- Fe: mi fe en Dios fue una base crucial en este momento de incertidumbre y riesgo. Apoyarme en ella me dio una inmensa fortaleza y consuelo, especialmente en momentos de duda y miedo. Confiar en el plan de Dios y buscar Su guía me ayudó a transitar en paz lo desconocido y con un propósito firme.

La transición no estuvo exenta de obstáculos, pero cada desafío fortaleció mi resiliencia y mi capacidad de adaptación. Con el tiempo, logré afirmarme en la industria tecnológica, aprovechando mi trayectoria, habilidades y perspectivas únicas para aportar valor en mi nuevo rol.

Asumir este riesgo inteligente dio frutos. Me abrió las puertas a oportunidades emocionantes, amplió mi red profesional y aceleró mi crecimiento laboral. Pero más importante aún, me enseñó el valor de salir de la zona de confort —tema que desarrollaré más adelante— y de abrazar el cambio.

Te invito a reflexionar sobre tus propias decisiones de vida y carrera. ¿Hay oportunidades que has dudado en perseguir por miedo al riesgo? Considera las recompensas potenciales y cómo se alinean con tus metas a largo plazo. Investiga, prepárate y construye un sistema de apoyo que te acompañe en la transición.

Recuerda: los riesgos inteligentes se basan en decisiones informadas e intencionales. Abraza la posibilidad de crecer y transformarte. Da ese salto con fe, sabiendo que con preparación y la mentalidad adecuada, podrás afrontar los desafíos y alcanzar un éxito extraordinario.

Tu potencial es ilimitado—no temas liberarlo asumiendo riesgos inteligentes.

CAPÍTULO 4

MANTENERSE FIRME ANTE LA ADVERSIDAD

"El cambio es la única constante en la vida."
— Heráclito

Esta afirmación del filósofo griego Heráclito —que varios de mis mentores han repetido con frecuencia— tiene una fuerza especial porque es profundamente cierta. El cambio es inevitable, y con él muchas veces llega la adversidad. Nuestra manera de responder a estos desafíos es lo que realmente nos define.

A lo largo de mi vida enfrenté numerosas adversidades. He trabajado en entornos tóxicos donde el ambiente era hostil, y conozco muy bien lo que significa ser excluida por hablar cuando otros callaban. Muchas veces me he visto sola al expresar mis opiniones honestas, especialmente cuando no coincidían con el discurso dominante.

En esos momentos me apoyé intensamente en mi fe para conservar la paz interior, y también en mi red de apoyo —mentores, familiares y amistades íntimas— que me brindaron fortaleza y contención. Desarrollar la capacidad de mantenerme centrada, flexible y adaptable ha sido esencial para atravesar tiempos turbulentos. Ante desafíos inesperados, es fácil sentirse agobiado; sin embargo, al concentrarnos en aquello que sí podemos controlar, recuperamos el equilibrio y avanzamos con propósito.

La adversidad ha sido una de mis grandes maestras. En esos tiempos difíciles es cuando más he aprendido sobre mí misma. Descubrí fortalezas que no sabía que tenía y desarrollé una resiliencia que me ha sostenido en desafíos posteriores. Cada experiencia me ha dejado lecciones valiosas y herramientas que aún hoy me guían en el camino.

Abrazar el cambio

Comprender que el cambio es la única constante nos ayuda a prepararnos mental y emocionalmente para lo inesperado. En lugar de resistirlo, es mejor acogerlo como una oportunidad para crecer. La flexibilidad y la adaptabilidad son cualidades clave que nos permiten reorientarnos cuando es necesario, para así encontrar nuevos caminos.

Enfocarte en lo que sí puedes controlar

Es natural sentir, en medio de la adversidad, que perdemos el control; pero debemos canalizar esas emociones hacia soluciones concretas. Al enfocarte en los aspectos que sí puedes influir, es más probable que sigas siendo productivo y obtengas resultados positivos. Esto puede implicar abrir canales de comunicación con colegas, reorganizar tareas y objetivos, modificar hábitos de trabajo o simplemente darte un espacio para renovar tu estado mental.

Aprender y crecer

La adversidad suele empujarnos fuera de la zona de confort, obligándonos así a enfrentar nuestras limitaciones y nuestros miedos. Aunque difíciles, estos momentos están llenos de oportunidades para crecer a nivel personal. Reflexionar sobre esas experiencias permite extraer lecciones valiosas que pueden orientar nuestras decisiones futuras.

Así es como me he mantenido firme ante la adversidad:

- Flexibilidad y adaptabilidad: cuando me enfrento a la adversidad, la capacidad para ajustar mi enfoque ha sido fundamental.

Practicar la autoconciencia y la humildad me ayudó a aceptar que las cosas no siempre salen como uno espera; y cuanto antes lo aceptaba, más pronto encontraba la mejor solución para retomar el rumbo hacia mis objetivos. Otras formas de cultivar la flexibilidad incluyen cambiar de estrategia, buscar soluciones alternativas y estar abierto a nuevas ideas y perspectivas.

- Controlar lo que sí está en mis manos: en tiempos de incertidumbre, me concentro en lo que puedo controlar: mis acciones, mi mentalidad y mis respuestas. Esto me permite mantener una actitud intencional y un sentido de estabilidad.

- Reflexión y aprendizaje: cada situación adversa me ha enseñado algo nuevo. Me tomo el tiempo para reflexionar, comprender las lecciones que trae cada experiencia y aplicar ese aprendizaje en desafíos futuros.

- Construcción de resiliencia: la adversidad me ha ayudado a desarrollar resiliencia. Al enfrentar y superar desafíos, he ganado la fortaleza necesaria para encarar nuevas dificultades con más confianza y serenidad.

Te invito a reflexionar sobre tus propias experiencias con la adversidad. ¿Cómo has respondido al cambio y a los desafíos en el pasado? ¿Qué has aprendido de esas situaciones, y cómo puedes aplicar ese aprendizaje en el futuro?

Abraza el cambio como una oportunidad para crecer, enfócate en lo que puedes controlar y usa la adversidad como una herramienta para fortalecer tu resiliencia.

Al mantenerte firme y conservar una mentalidad positiva, podrás atravesar cualquier desafío y salir fortalecido. Tu capacidad para adaptarte ante la adversidad será un factor decisivo en tu camino hacia el crecimiento personal y el éxito profesional.

CAPÍTULO 5

GESTIONAR TU TIEMPO:
SÉ SELECTIVO Y PRIORIZA

"La mala noticia es que el tiempo vuela. La buena es que tú eres el piloto."
— Michael Altshuler

El tiempo es uno de nuestros recursos más valiosos, y la forma en que lo gestionamos tiene un impacto profundo en nuestra vida personal y profesional. La gestión del tiempo —o la falta de ella— juega un papel decisivo en lo que podemos lograr con las horas que tenemos. Al despertar cada mañana, podemos decidir si vamos a usar nuestro tiempo con sabiduría o no. Ser selectivos con cómo lo distribuimos y priorizar actividades que estén alineadas con nuestras metas es crucial para mantener tanto la productividad como el equilibrio trabajo-vida.

Antes de entrar en las tácticas de gestión del tiempo, creo que es importante hacer una pausa y reflexionar: ¿en qué estás gastando tu tiempo actualmente? Al identificar hacia dónde se va nuestro tiempo, podemos reconocer qué cambios necesitamos hacer para enfocarnos en lo que realmente importa, lo cual nos acerca a nuestros objetivos.

Establecer límites

Uno de los primeros pasos para gestionar bien el tiempo es establecer límites. Esto significa ser claro sobre lo que estás dispuesto a asumir y lo que no. Es fundamental comunicar estos límites a los demás y mantenerlos con firmeza. A veces esto implicará rechazar compromisos adicionales que no se alinean con tus objetivos o establecer horarios de trabajo concretos para garantizar que también tengas espacio para el descanso y la vida personal. Es más fácil de decir que de hacer, pero es una práctica necesaria y valiosísima.

Alinear el tiempo con tus objetivos

Invertir tiempo en actividades alineadas con tus metas es fundamental para progresar. Ya sean objetivos personales o profesionales, asegurarte de que tus tareas diarias contribuyan a ellos marcará una gran diferencia. Esto puede implicar reservar momentos específicos del día para actividades que impulsen tu desarrollo profesional, tu salud, tus relaciones o tu crecimiento personal.

Gestión proactiva del tiempo

Actuar con anticipación en lugar de procrastinar es clave para una buena gestión del tiempo. La procrastinación puede generar estrés innecesario y disminuir la calidad del trabajo. Al planificar con antelación y abordar las tareas de forma directa, puedes organizar mejor tu carga de trabajo y dejar margen para imprevistos.

Establecer prioridades

No todas las tareas deben tratarse por igual. Aprender a priorizar es una de las estrategias más efectivas para gestionar el tiempo, tanto en la vida como en el trabajo. Se trata de identificar lo que más te importa y enfocar tu tiempo y energía en acciones que estén alineadas con esas prioridades.

Ya sea un proyecto laboral o una meta personal, necesitas aprender a distinguir entre lo urgente, lo importante y lo que puede esperar. La clave para priorizar de manera efectiva es reconocer que no todo puede —ni debe— hacerse de inmediato.

En la vida personal, esto podría significar encontrar un equilibrio entre el tiempo que dedicas a la familia, a tu bienestar y al desarrollo profesional. En el trabajo, puede implicar que te concentres en tareas que impulsen el éxito a largo plazo, en lugar de perderte en las distracciones cotidianas.

La capacidad de establecer prioridades te permite tomar control de tu tiempo, asegurando que tus esfuerzos se enfoquen en lo que realmente importa. Reflexiona con frecuencia sobre tus metas —tanto a corto como a largo plazo— y ajusta tus prioridades para avanzar siempre hacia resultados significativos.

Gestión del tiempo en acción

Existe la idea de que quienes gestionan su tiempo con rigor son los así llamados "controladores", y aunque pueda parecerlo para quienes tienen una personalidad más relajada, tomar el control del tiempo tiene enormes beneficios. En contraste, cuando uno simplemente va "cumpliendo con el día" sin asignar tiempo a lo que realmente importa, es fácil encontrarse estancado. Hay un dicho que afirma que la estancación es como una silla sin ruedas: puede que parezca cómoda, pero no te llevará a ningún lado.

En mi experiencia, ser intencional en la distribución de mi tiempo —en casa y en el trabajo— ha sido muy beneficioso, y mi esposo puede dar fe de ello. No me arrepiento de la planificación minuciosa ni de la priorización que practico. Este enfoque, combinado con una mentalidad flexible y adaptable, me ha permitido lograr mis objetivos, mantener el equilibrio y evitar el agotamiento.

Estas son algunas estrategias que me han funcionado:

- Organiza tu tiempo: planifica tu día, semana y mes con objetivos claros. Usa herramientas como calendarios, planificadores o aplicaciones digitales para hacer seguimiento de tus compromisos, tareas y plazos. Si no tienes una inclinación natural hacia la planificación, empezar poco a poco puede ser muy efectivo: configura recordatorios o alertas diarias, utiliza ayudas visuales y aprovecha la tecnología disponible para apoyar tus esfuerzos.

- Prioriza tareas: identifica las tareas más importantes que estén alineadas con tus objetivos y enfócate en completarlas primero. Puedes usar técnicas como la matriz de Eisenhower o el método ABCDE para mantenerte enfocado en lo prioritario.

- Establece límites: define claramente tus horarios laborales y tu tiempo personal. Comunícalo a colegas, familiares y amigos, y respétalo tanto como puedas.

- Multitasking: concéntrate en una sola cosa a la vez para mejorar la calidad y eficiencia. Las tareas que requieren toda tu atención se ven perjudicadas si intentas hacer varias cosas a la vez; esto puede generar errores, estrés y peor rendimiento.

  Ahora bien, hay situaciones en las que la multitarea sí funciona. Como madre trabajadora, muchas veces tenía la cena en el horno y la ropa lavándose mientras ayudaba a mis hijos con las tareas; o ahora, por ejemplo, cuando camino o tengo un viaje largo en auto, aprovecho para escuchar audiolibros o hacer llamadas. Evalúa cuánto esfuerzo requiere cada tarea antes de decidir si conviene hacerlas simultáneamente.

- Reflexiona y ajusta: revisa con regularidad tu agenda y tus prioridades. Evalúa qué está funcionando y qué no, y ajusta tu enfoque según sea necesario para seguir alineado con tus metas. Siempre ten paciencia cuando las cosas no salen como esperabas.

Te desafío a que analices minuciosamente cómo estás gestionando tu tiempo. ¿Estás dedicando tu energía a lo que realmente se alinea con tus metas? ¿Eres proactivo o sueles postergar las tareas importantes? Aplicar estrategias intencionales de gestión del tiempo —con disciplina y claridad— puede ayudarte a alcanzar tus objetivos personales y profesionales con mayor eficacia.

Para cerrar: ser selectivo y saber priorizar no tiene nada que ver con ser controlador; tiene que ver con ser deliberado e intencional con uno de tus recursos más valiosos.

Si aprendes a gestionar bien tu tiempo, podrás construir una vida equilibrada y satisfactoria que te acerque a tus metas y sueños. No temas establecer límites, priorizar tus tareas y tomar las riendas de tu agenda. Te sorprenderás de todo lo que puedes lograr… y de lo mucho más pleno que te sentirás.

CAPÍTULO 6

EL PODER DE DECIR NO

"Decir no a algo que no está alineado con tus valores no es un rechazo; es una redirección."
— Anónimo

Tanto en el ámbito personal como en el profesional, a menudo nos sentimos presionados a decir que sí a distintas demandas, solicitudes y oportunidades. Ya sea por la presión social, el miedo a perdernos algo, un sentido de obligación o el deseo de agradar a los demás, decir que sí con demasiada frecuencia puede llevarnos a sobrecargarnos, al estrés innecesario y a la ansiedad. Aprender a decir no es una habilidad crucial que te ayudará a mantener tus límites y gestionar tu tiempo de forma eficaz.

El poder del no

Decir no, en sí mismo, no es algo negativo. En muchos casos, decir no es necesario para preservar tu bienestar y mantenerte fiel a tus valores y metas. Comprometerte excesivamente a hacer cosas puede llevarte al agotamiento y afectar negativamente la calidad de tu trabajo o de tu vida personal.

Te lo digo por experiencia: durante muchísimos años fui una persona que siempre decía que sí, tanto en casa como en el trabajo, y eso me llevó directamente al agotamiento. Historia real.

Esa experiencia fue un punto de inflexión para mí, ¡y vaya que aprendí! Tenía miedo de las consecuencias sociales de decir "No", así que con frecuencia ponía las necesidades de los demás por encima de las mías, y eso fue una gran injusticia hacia mí misma.

Al aprender a decir no a las cosas que entran en conflicto con tus prioridades, puedes concentrarte en lo que realmente importa. Sin embargo, esto no significa que cada momento de tu vida deba ser productivo o guiado por resultados; también es importante cuidar de ti y asegurarte de que tus necesidades de bienestar estén cubiertas. Esta pequeña pero poderosa palabra ayuda a mantener el equilibrio y garantiza que inviertas tu energía donde más impacto puede tener.

La presión social y el miedo a perderte algo

La presión de grupos sociales y el miedo a perderte algo pueden hacerte más difícil decir que no. Tal vez te preocupe decepcionar a otros o quedarte fuera de ciertas oportunidades, ahora o en el futuro. Sin embargo, decir que sí todo el tiempo solo para evitar esos temores puede llevarte a una vida llena de compromisos que no necesariamente te traen satisfacción. En estos casos, el amor hacia uno mismo es fundamental; necesitas estar en sintonía con tus necesidades y asegurarte de que sean satisfechas.

Decir no en entornos personales y profesionales

En el ámbito profesional, decir no puede ser todo un reto, sobre todo cuando se trata de jefes o compañeros de trabajo. Pero es esencial reconocer tus propios límites y comunicarlos de manera efectiva. Rechazar educadamente tareas adicionales que te sobrecargan te permite mantener una mejor calidad en tu trabajo y vida personal. La clave está en una comunicación abierta y honesta.

En el plano personal, decir no puede ayudarte a mantener relaciones sanas y a proteger tus propios límites. Ya sea rechazar una invitación social, establecer límites con un familiar o declinar ciertas oportunidades, ser selectivo con tu tiempo es esencial.

Volver a los límites y la gestión del tiempo

Establecer límites y gestionar tu tiempo van de la mano con apren-der a decir no. Cuando defines con claridad lo que es aceptable y lo que no lo es, te resulta más fácil rechazar aquellas peticiones que cruzan tus límites. Una buena gestión del tiempo implica priorizar tareas y compromisos que estén alineados con tus metas y valores, dejando menos espacio para distracciones irrelevantes.

Ser fiel a ti mismo

Te invito a que reflexiones sobre a qué cosas necesitas empezar a de-cirles no en tu vida. Visualízate diciendo sí a lo correcto: a lo que está alineado con tus valores, principios y objetivos; y "no" a lo que surge por miedo a perderte algo o por querer agradar a los demás.

Aprender a decir no con gracia

Puedes aprender a decir no en el momento y la forma adecuada, manteniendo la amabilidad. Es posible rechazar solicitudes sin herir a nadie. Aquí tienes algunas estrategias:

- Sé honesto y directo: la gente aprecia la sinceridad. Recha-za con cortesía, pero no sientas que tienes que justificarte en exceso. Puedes mencionar tus razones sin entrar en demasia-dos detalles.

- Ofrece alternativas: si es posible, sugiere a otra persona que pueda ayudar o propón un momento diferente que se adapte mejor a ti.

- Sé firme: evita ser ambiguo. Un "no" firme es más claro y respet-uoso que un "tal vez" dubitativo.

- Practica: Cuanto más lo practiques, más fácil te resultará. Emp-ieza con peticiones pequeñas y ve avanzando poco a poco hacia otras más significativas.

Recuerda: decir no es una forma de respeto propio y de cuidado personal. Al establecer límites y gestionar bien tu tiempo, podrás enfocarte en lo que verdaderamente importa y vivir una vida más plena y equilibrada. Abraza el poder del no, y pronto verás cuán valioso y positivo puede ser en tu vida.

CAPÍTULO 7

ABRAZAR TUS DEBILIDADES

"Reconoce tus debilidades, pero no dejes que te limiten."
— Zig Ziglar

El poder de reconocer

Reconocer nuestras propias debilidades es una poderosa muestra de autoconocimiento. Cuando identificamos áreas que necesitan ser desarrolladas, damos el paso crucial hacia el crecimiento. Aceptar nuestras limitaciones no solo abre la puerta a una mejora continua, sino que también permite transformarlas en fortalezas mediante un esfuerzo deliberado y la reflexión constante.

Mejora continua

El camino de la mejora continua es un proceso de toda la vida. Adoptar una mentalidad de crecimiento implica buscar constantemente formas de desarrollarte y estar abierto a oportunidades para perfeccionar tus habilidades. Esta actitud te invita a ver cada reto como una oportunidad para aprender.

Aquí comparto algunas estrategias que me han ayudado a convertir mis debilidades en fortalezas:

- **Autoevaluación**: evalúa con regularidad tus habilidades e identifica las áreas en las que podrías mejorar. Usa la retroalimentación de colegas, mentores y tu propia reflexión para obtener una visión completa de tus fortalezas y limitaciones.

- **Establece metas específicas**: una vez que identifiques lo que necesitas mejorar, define objetivos claros y medibles. Divide esas metas en pasos alcanzables y monitorea tu progreso con el tiempo.

- **Busca oportunidades de aprendizaje**: aprovecha todas las formas posibles de aprendizaje, ya sea educación formal, cursos en línea, talleres o capacitación en el trabajo. Ampliar tu base de conocimientos de forma constante es clave para transformar debilidades en fortalezas.

- **Practica y persevera**: mejorar requiere tiempo y esfuerzo. Practica con regularidad y sé constante. No dejes que los tropiezos te desanimen; en perspectiva, suelen ser menos importantes de lo que parecen al principio.

- **Pide ayuda**: no tengas miedo de pedir orientación. Ya sea haciendo preguntas, buscando mentoría o colaborando con colegas, recurrir a otros para aprender y recibir apoyo puede acelerar tu crecimiento.

Abrazar la vulnerabilidad

Trabajar en tus debilidades implica aceptar tu vulnerabilidad. Es reconocer que no tienes todas las respuestas y estar dispuesto a aprender de los demás. Esta apertura no es una debilidad, sino una fortaleza; y en el ámbito laboral, fomenta una cultura de confianza, colaboración y mejora continua.

Mi transición al sector tecnológico

Reconocer y trabajar mis carencias fue fundamental cuando hice mi transición al sector tecnológico. Al pasar del ámbito educativo a este nuevo entorno, me enfrenté a una curva de aprendizaje muy empinada.

No fue fácil evaluar mis capacidades y admitir en qué aspectos necesitaba mejorar. El proceso fue incómodo y, a veces, desalentador. Pero gracias a ese inventario honesto, pude identificar áreas específicas para desarrollar y, al mismo tiempo, fortalecer mis puntos fuertes. Al aceptar que no tenía experiencia en ciertos temas, busqué los recursos y apoyos necesarios para tener éxito. Esa actitud proactiva me permitió adaptarme y prosperar en un entorno exigente y desafiante.

Te animo a que abraces tus imperfecciones y veas tus debilidades como oportunidades de desarrollo. Acepta tu vulnerabilidad y haz preguntas. Activa tu curiosidad, busca oportunidades de crecimiento y comprométete con el aprendizaje continuo. Recuerda: tus limitaciones no son fallas permanentes, sino fortalezas en potencia esperando ser desarrolladas. ¿No es emocionante?

Reflexiona sobre los vacíos en tus habilidades: ¿qué pasos puedes dar para abordarlos? ¿Cómo podrías convertir tus puntos débiles en fortalezas? Al reconocer tus limitaciones y comprometerte con el proceso de crecimiento, puedes alcanzar un éxito personal y profesional verdaderamente notable.

CAPÍTULO 8

PRIORIZAR LA SALUD MENTAL Y TU BIENESTAR

"El trabajo nunca se acaba y uno sí."
— Sra. Celina González Espinoza

Estas fueron las palabras más sabias y significativas que he recibido en relación con la salud mental, la vida y el bienestar. Me las compartió mi querida Abuelita, la señora Celina González Espinoza, mientras yo trabajaba desde su habitación de hospital, acompañándola en su recuperación tras una cirugía a corazón abierto. Aquella frase me cayó como una tonelada de ladrillos. Me llegó al alma. Capturaba con una claridad contundente lo que tantas veces olvidamos: que el trabajo no tiene fin, pero nosotros, como seres humanos, sí tenemos límites. Necesitamos darnos permiso para descansar, revitalizarnos y recargarnos.

Mi camino personal

Como tantas otras personas, también viví momentos en los que la ansiedad y los ataques de pánico me sobrepasaron, en parte por un mal ambiente laboral y por situaciones que simplemente soportaba. En una de las empresas donde trabajé, me obligué a aguantar actitudes negativas y desmoralizantes por miedo a parecer débil, como si renunciar fuese fracasar o no estar a la altura.

Con el tiempo entendí que esa forma de actuar fue una traición hacia mí misma; no solo no me ayudó, sino que profundizó mi malestar.

Después de unos meses de seguir acumulando incomodidad, tomé la mejor decisión posible: dejar ese puesto y explorar otras opciones. Más que un cambio de trabajo, fue un acto de cuidado personal. En medio de ese proceso de transición, lo que verdaderamente me sostuvo fue el apoyo de mi esposo, la sabiduría de mis mentores y el valor de poner mi salud en primer lugar.

En la búsqueda de éxito profesional, es muy fácil dejar de lado la salud mental y el bienestar. Pero el éxito real es integral: no se trata solo de logros, sino también de cómo nos sentimos mientras los alcanzamos. Aprendí, gracias a la experiencia directa, que mantener el equilibrio entre trabajo y salud mental es esencial para lograr una vida satisfactoria. Descuidar este equilibrio no solo pone en riesgo lo que queremos alcanzar, sino que también vuelve más difícil el camino y limita nuestro verdadero potencial. Cuidar la salud mental no es opcional si queremos sostener nuestros sueños en el tiempo.

Éxito integral

El éxito integral reconoce que el bienestar mental y emocional está directamente ligado a los logros profesionales. Alcanzar grandes metas no debería costarnos la salud. Al contrario: ambos aspectos deberían potenciarse mutuamente y construir una vida equilibrada y significativa.

En medio de las exigencias de una carrera demandante, es fundamental priorizar el bienestar. Aquí te comparto algunas estrategias prácticas que me han ayudado a mantener el equilibrio:

- Establece límites: como vimos en el capítulo sobre gestión del tiempo, es importante definir con claridad tus horarios de trabajo y tus momentos personales. Comunica esos límites de forma efectiva. Evita sobrecargarte y asegúrate de reservar tiempo para desconectarte y recargar energías. El trabajo, la gente y las tareas seguirán exigiendo siempre más, y rara vez tendrán en cuenta tu bienestar. Preservar tu equilibrio es tu responsabilidad.

- Limita el tiempo frente a las pantallas (celular, redes sociales, etc.): si no se gestiona bien, el tiempo frente a la pantalla puede afectar seriamente tu bienestar mental y consumir momentos valiosos que podrías dedicar al autocuidado, la atención plena o tus prioridades. Las redes sociales suelen ser trampas de tiempo; en especial si tienes las notificaciones activadas y te arrastran hacia la pantalla constantemente. Sé intencional en tu relación con la tecnología: que te apoye, no que te drene. Te recomiendo usar con frecuencia la función "No molestar"; es una herramienta simple pero poderosa para proteger tu descanso, enfoque y espacio personal.

- Practica el autocuidado: dedica tiempo a actividades que nutran tu cuerpo y tu mente, como hacer ejercicio, retomar pasatiempos, meditar o compartir tiempo con tus seres queridos. En mi casa, hemos instaurado el Domingo de cuidado personal: un día para mantener la calma, desconectarnos y regalarnos un espacio consciente para recargarnos.

- Busca apoyo: no dudes en hablar con tus amigos, familiares o profesionales de la salud mental cuando lo necesites. Contar con una red de apoyo es fundamental. Pedir ayuda no es señal de debilidad; es un acto de fortaleza y sabiduría.

- Practica la atención plena: mantenerse presente es esencial para manejar el estrés. Técnicas como la respiración de caja o cuadrada (box breathing), caminar en la naturaleza, orar, hacer yoga o meditar pueden ser muy efectivas. Te animo a probar diferentes prácticas y encontrar la que más se alinee contigo.

- Reflexiona y ajusta: revisa regularmente tu estado mental y el equilibrio entre tu vida laboral y personal. Si notas señales de agotamiento o estrés excesivo, date permiso para hacer cambios.

Para quienes se sienten absorbidos por el celular, te desafío a pasar varias horas al día sin usarlo —excepto cuando sea realmente necesario— y observar cómo afecta tu enfoque o tu productividad. Empecé a hacer esto una vez por semana, y me sorprendió cuánto más presente me sentía, lo que me permitió encarar tareas que había estado evitando.

Integrar la salud mental en tus aspiraciones profesionales

Con el tiempo comprendí que la salud mental y el éxito profesional no son opuestos; forman parte del mismo tejido, y se refuerzan mutuamente. Aquí te dejo algunas formas de integrar ambas dimensiones en tu idea de éxito:

- Redefine el éxito: incluye el bienestar emocional y mental dentro de tu definición de éxito. Reconoce que una carrera próspera y una mente sana van de la mano.

- Sé honesto contigo mismo: identifica cuándo una situación laboral daña tu salud mental. Está bien dar un paso atrás, reevaluar y tomar decisiones que prioricen tu bienestar, incluso si implican cambios difíciles: dejar un trabajo, administrar mejor tu tiempo o establecer límites firmes.

- Rodéate de una red que te apoye: elige a personas que valoren y respeten tu bienestar. Mentores, amistades y familiares pueden darte claridad, aliento y perspectiva. Estoy profundamente agradecida por las personas que me acompañaron en momentos difíciles de mi carrera. Escucharlas me ayudó a tomar decisiones más alineadas con lo que realmente necesitaba.

Te invito a que reflexiones sobre tu propio camino: ¿estás priorizando tu salud mental junto con tus metas profesionales? ¿Qué cambios podrías hacer para avanzar de forma más equilibrada y sostenible?

Ser madre y esposa fue una motivación enorme para mí. Y entendí que, si no cuidaba primero de mi salud, no iba a poder apoyar a mis hijos, a mi pareja ni contribuir a los proyectos o metas que teníamos como familia.Priorizar la salud mental no solo es vital para tu bienestar personal; también lo es para quienes dependen de ti.

Al abrazar una visión integral del éxito, construirás una vida sostenible, gratificante y plena —sólidamente anclada en la excelencia profesional y en la salud interior.

CAPÍTULO 9

CÓMO NAVEGAR LAS RELACIONES EN EL TRABAJO:
COMPAÑEROS VS. AMIGOS

"Tu mejor amigo del trabajo hoy podría ser tu competidor mañana. Mantén lo profesional."
— Anónimo

En el entorno profesional, mantener límites claros entre las relaciones laborales y personales es fundamental. Si bien es importante relacionarse en el trabajo con profesionalismo y respeto, distinguir entre una amistad genuina y un compañero del trabajo puede tener un gran impacto en tu carrera y en tu bienestar personal. Establecer límites saludables ayuda a preservar un ambiente laboral positivo y evita conflictos o malentendidos innecesarios.

Amistades genuinas vs. compañeros de trabajo

Distinguir entre una amistad genuina y un compañero del trabajo es importante para manejar bien las relaciones profesionales. Las amistades reales se basan en la confianza mutua, valores compartidos y una conexión personal. En cambio, las relaciones laborales suelen ser superficiales y se desarrollan principalmente con fines profesionales, sustentadas en el respeto mutuo y la colaboración, no en la intimidad personal.

He visto muchas veces a personas sentirse traicionadas o excluidas por haber confundido a un colega amable con un verdadero amigo.

Es natural desarrollar amistad con quienes compartimos el día a día, pero no hay que olvidar que el lugar de trabajo sigue siendo un espacio profesional. Confundir estas relaciones puede llevar a desilusiones e incluso afectar negativamente tu desarrollo profesional.

Aspectos a tener en cuenta en las relaciones profesionales

- Mantén el profesionalismo: relaciónate siempre con tus compañeros de manera profesional, incluso si sientes una conexión personal. Mantener esa línea ayuda a preservar el respeto y evita que los sentimientos interfieran con tus responsabilidades.

- Comparte con cautela: hoy en día se promueve la idea de ser auténtico en el trabajo. Pero cuidado: es una línea muy delgada. Evita compartir demasiados aspectos de tu vida personal, porque pueden (y lo repito, pueden) usarse en tu contra. A veces ni siquiera hay mala intención; simplemente es lo que hace el subconsciente. El problema es que esto genera percepciones sesgadas y prejuicios que pueden afectar la forma en que los demás te tratan.

- Mantén en privado tus proyectos profesionales: esto es fundamental. No compartas con tus compañeros lo que estás planeando o los objetivos que estás persiguiendo. Podrían aprovechar esa información o incluso sabotearte. Aunque parezca improbable, lo he visto ocurrir muchas veces, justo cuando menos te lo esperas. Por eso aprendí a no revelar mis planes hasta que están firmemente en marcha. Solo los comento con un mentor o asesor de confianza.

- Observa y reflexiona: presta atención a cómo tus compañeros manejan la información y las relaciones. Siempre hay alguien que anda contando los asuntos de todos, y rara vez lo hace con buena intención. Reflexiona sobre experiencias pasadas y aprende de aquellas situaciones en que la falta de límites entre lo personal y lo profesional generó complicaciones o malos momentos.

Impacto en tu carrera

Cuando se mezclan los aspectos personales y profesionales, puede generarse un ambiente tóxico y dañar relaciones valiosas. El entorno se deteriora cuando los conflictos personales se trasladan a la dinámica laboral, generando desconfianza y falta de cooperación.

Además, compartir demasiada información personal te hace vulnerable a la política de oficina y las luchas de poder.

Te invito a reflexionar sobre tus relaciones laborales actuales. ¿Estás estableciendo límites claros entre lo personal y lo profesional? ¿Cómo puedes asegurarte de estar manejando tus relaciones laborales con respeto y profesionalismo? Al mantener tu vida personal privada, interactuar con profesionalismo y cuidar lo que compartes, puedes fomentar un entorno laboral saludable y proteger tus intereses profesionales.

Sé fiel a ti mismo, pero ten siempre en cuenta las posibles consecuencias de mezclar relaciones laborales y personales. Protege tu bienestar manteniendo límites claros en el entorno de trabajo.

Reflexión final

Si bien es importante mantener límites profesionales, también es cierto que en el ámbito laboral pueden surgir amistades genuinas y florecer fuera de él. Esos vínculos pueden ser valiosos y enriquecedores. Sin embargo, te recomiendo avanzar con cautela cuando se combinan la amistad y los negocios. Incluso las amistades más sólidas pueden verse afectadas por los desafíos laborales. Por eso es importante mantener una distinción clara, para proteger tanto tus relaciones personales como tu carrera. Busca el equilibrio y ten en cuenta el posible impacto que estas relaciones pueden tener en tu reputación profesional.

CAPÍTULO 10

LOS PELIGROS DEL *HAPPY HOUR*: CUIDA TU IMAGEN PROFESIONAL

*"Se tarda 20 años en construir una reputación y cinco minutos en arruinarla.
Si lo piensas bien, empezarás a hacer las cosas de otra manera."*
— Warren Buffett

Los eventos sociales del trabajo, como los *happy hours* y las fiestas de oficina, son una gran oportunidad para conectar con tus compañeros y relajarte después de un día intenso. Sin embargo, es importante mantener un equilibrio entre ser sociable y conservar una actitud profesional. Todos hemos visto —o al menos escuchado historias— de personas que se relajan demasiado en este tipo de reuniones. Ese comportamiento es inapropiado y, muchas veces, tiene consecuencias graves.

Cuida tu imagen

Tu imagen profesional es tu marca y uno de tus activos más valiosos. Puede llevar años construirla, pero basta un momento de mal juicio para dañarla. Beber en exceso en eventos laborales puede llevar a comportamientos torpes, situaciones vergonzosas y repercusiones serias. No son pocas las historias de personas despedidas, enviadas a casa, llamadas a Recursos Humanos o enfrentando denuncias por acoso, todo iniciado por un trago de más en un evento del trabajo.

Equilibrar lo social y lo profesional

Aquí tienes algunas estrategias para mantener ese equilibrio:

- Conoce tus límites: si tienes baja tolerancia al alcohol, decide de antemano si vas a abstenerte o limitarte a una o dos copas. Beber con moderación te permite mantener el control y evitar cruzar la línea.

- Mantente consciente: lleva la cuenta de lo que estás bebiendo y cómo te está afectando. Si empiezas a sentirte mareado o desinhibido, cambia a bebidas sin alcohol, come algo y toma agua. Estar consciente de tu estado te ayuda a evitar conductas inapropiadas.

- Participa con moderación: involúcrate en las conversaciones y actividades, pero evita compartir demasiado sobre tu vida personal o hablar de información confidencial. El alcohol reduce las inhibiciones y puede hacerte decir cosas de las que luego te arrepientas.

- Ten un plan de salida: define de antemano cuándo y cómo vas a retirarte. Si sientes que estás llegando a tu límite, es mejor irte a tiempo que quedarte y perder el control.

Consecuencias del exceso

Beber en exceso en eventos del trabajo puede tener consecuencias. Algunas de ellas son:

- Pérdida del empleo: el comportamiento inapropiado puede resultar en sanciones o despido.

- Daño a tu reputación: tu imagen profesional puede verse afectada, lo que impactará en tus oportunidades futuras y relaciones dentro de la empresa.

- Problemas legales: en casos graves, la conducta inapropiada puede dar lugar a acciones legales, como denuncias por acoso.

- Divulgación de información confidencial: el exceso de alcohol puede hacer que hables de más sin querer, compartiendo datos sensibles que perjudiquen a otros, a tu carrera o a la empresa.

Te invito a reflexionar sobre tu comportamiento en los eventos sociales del trabajo. ¿Estás logrando un equilibrio entre lo social y lo profesional? ¿Has cruzado la línea alguna vez o has visto a alguien hacerlo?

Piensa en las posibles consecuencias y toma medidas para proteger tu imagen profesional.

Recuerda: puedes disfrutar de los eventos laborales sin comprometer tu integridad, profesionalismo y reputación. Conoce tus límites, mantente consciente y participa con moderación para evitar las trampas del exceso. Brinda sin temor: navega los eventos sociales con elegancia profesional, asegurando que tu carrera y tus relaciones permanezcan intactas.

CAPÍTULO 11

ESTABLECER METAS REALISTAS Y ELEGIR EL MOMENTO OPORTUNO

"Establecer metas es el primer paso para convertir lo invisible en visible."
— Tony Robbins

Establecer metas realistas y comprender cuál es el momento oportuno para perseguirlas son elementos esenciales para alcanzar el éxito y mantener el equilibrio en la vida. Tener objetivos claros puede motivarnos e inspirarnos, pero es fundamental que nuestras aspiraciones estén alineadas con nuestras responsabilidades actuales y con las circunstancias de vida que estamos atravesando.

Experiencia personal

Como madre joven, las necesidades de mis hijos eran mi prioridad absoluta. Decidí dejar de lado, por un tiempo, mis propias ambiciones para centrarme en su bienestar. Ese período me enseñó el valor de la paciencia y del momento oportuno. Comprendí que, aunque es fundamental tener metas, saber cuándo es tiempo propicio para perseguirlas también es importante.

Metas alcanzables e inspiradoras

Las metas son herramientas poderosas que nos brindan dirección y propósito. Sin embargo, para que realmente funcionen, deben ser realistas y alcanzables. Aquí tienes algunas estrategias para establecer objetivos que te motiven e inspiren:

1. Sé específico: define con claridad qué quieres lograr. Las metas específicas son más fáciles de planificar y permiten medir el progreso.

2. Hazlas medibles: establece criterios que te permitan evaluar cómo avanzas. Esto te ayudará a mantener el enfoque y ver cuánto has logrado.

3. Establece metas asequibles: asegúrate de que tus objetivos estén dentro de lo posible, según tu situación actual y los recursos con los que cuentas. Metas imposibles pueden generar frustración y desmotivación.

4. Que sean relevantes: alínea tus metas con tus valores y con tus objetivos a largo plazo. Cuanto más significativas sean, más motivadoras resultarán.

5. Ponles un plazo: establece un marco de tiempo para cada objetivo. Tener una fecha límite genera urgencia y te ayuda a priorizar tareas.

Todo es cuestión de momento

Comprender cuál es el momento oportuno para perseguir cada meta es fundamental. Como madre, esposa y profesional, tuve muchas aspiraciones. Sin embargo, mis prioridades y responsabilidades siempre iban primero, y mis metas personales tuvieron que esperar. Y eso estuvo bien: la salud, la felicidad y el bienestar de mis hijos eran mis verdaderos objetivos en ese momento.

Con el tiempo aprendí que todo es cuestión de momento. Saber cuándo perseguir una meta puede marcar la diferencia entre el éxito y la frustración. Aquí tienes algunas perspectivas sobre el valor del momento:

- Evalúa tus prioridades: analiza tus responsabilidades actuales y determina si este es el momento indicado para emprender un nuevo objetivo. A veces, esperar es la decisión más sabia.

- Establece plazos realistas: divide tus metas en hitos pequeños y alcanzables, con fechas límite posibles. Esto te ayudará a avanzar con constancia y a evitar sentirte abrumado.

- Ten paciencia: hay metas que requieren tiempo. La paciencia es esencial para mantenerte comprometido y con energía.

- Adáptate si es necesario: la vida es impredecible y las circunstancias cambian. Sé flexible y mantente dispuesto a ajustar tus metas y plazos cuando lo necesites.

Te invito a reflexionar sobre tus metas y el momento en que decides perseguirlas. ¿Tus objetivos son específicos, medibles, asequibles, relevantes y con plazos definidos? ¿Estás considerando tus circunstancias actuales al establecerlos?

Recuerda: las metas son vitales, pero también lo es elegir el momento oportuno para perseguirlas. Establecer objetivos realistas y planificar cuándo ir por ellos te prepara para el éxito. Comprométete con tus prioridades, avanza con constancia y mantente flexible en tu enfoque. Con el equilibrio justo, alcanzarás tus aspiraciones sin perder la armonía en tu vida.

CAPÍTULO 12

CONCIENCIA SITUACIONAL Y AUTOCONCIENCIA

"Cuanto más consciente eres de ti mismo, más control tienes sobre tus acciones y reacciones."
— Anónimo

Cultivar la autoconciencia y la conciencia situacional puede potenciar de forma significativa tu crecimiento, tanto personal como profesional. Estas habilidades implican estar en sintonía contigo mismo y con tu entorno. Por ejemplo, un gerente con autoconciencia tendrá en cuenta su propio estado emocional al comunicarse con su equipo. Si está teniendo un mal día, lo reconocerá internamente y se recentrará; no descargará su estado emocional sobre sus empleados. Desarrollar la capacidad de ser autoconsciente permite interactuar de forma más efectiva, tomar mejores decisiones y generar resultados positivos.

Saber leer el ambiente

Uno de los aspectos clave de la conciencia situacional es la capacidad de leer el ambiente. Esto implica observar y comprender el estado de ánimo, la dinámica y las señales no verbales en cada contexto. Requiere prestar atención al lenguaje corporal, al tono de voz y a la energía general de las personas.

Un miembro del equipo con conciencia situacional podrá captar las respuestas y actitudes del equipo durante un proyecto, y ajustar su enfoque para lograr el mejor resultado posible.

Saber cuándo hablar y cuándo callar

Una comunicación efectiva no se trata solo de saber expresarse, sino también de reconocer cuándo es mejor guardar silencio. Practicar la autoconciencia implica identificar esos momentos en los que es más valioso escuchar que intervenir. Esto es especialmente importante en roles de liderazgo, donde dar espacio a los demás para expresar sus ideas fomenta un ambiente más inclusivo y colaborativo.

Practicar la escucha activa

La escucha activa es un componente fundamental tanto de la autoconciencia como de la conciencia situacional. Consiste en prestar plena atención a lo que se está diciendo, en lugar de escuchar solo para responder. Escuchar activamente implica reconocer al interlocutor, dar retroalimentación y evitar interrumpir. Esta práctica fortalece la confianza, el entendimiento y el respeto en las relaciones personales y profesionales.

Dar espacio a los demás

Como líder, es importante dar espacio para que otros puedan expresarse y brillar. Practicar la autoconciencia también implica elegir conscientemente no acaparar las conversaciones, permitiendo que los demás crezcan y se destaquen. De este modo, fortaleces la confianza de tu equipo y contribuyes a un entorno más dinámico e innovador.

Experiencia personal

En mi carrera, desarrollar la autoconciencia y la conciencia situacional ha sido un recurso invaluable. He aprendido la importancia de leer el ambiente, saber cuándo participar y cuándo dar un paso atrás.

Esta conciencia me ha ayudado a construir relaciones más sólidas, liderar con mayor efectividad y generar un entorno más inclusivo. Al crear un espacio donde las personas puedan expresarse libremente, he visto cómo mis equipos se vuelven más comprometidos y productivos.

Consejos para desarrollar la percepción y la adaptabilidad

Aquí tienes algunas recomendaciones para fortalecer tu autoconciencia y conciencia situacional:

- Observa y reflexiona: dedica tiempo a observar tu entorno y a reflexionar sobre tus interacciones. Considera cómo impactan tus palabras y acciones, y cómo responden los demás.

- Pide retroalimentación: solicita comentarios a colegas, mentores o amigos de confianza. Eso te dará información valiosa sobre tu comportamiento y áreas que puedes mejorar.

- Mantente presente: enfócate en el momento actual. Estar atento a tu entorno y tus interacciones te permitirá responder de manera más adecuada y efectiva.

- Sé adaptable: ten la disposición de ajustar tu comportamiento y enfoque según la situación. La flexibilidad es clave para desenvolverse bien en diferentes entornos y alcanzar buenos resultados.

- Practica la empatía: intenta comprender las cosas desde la perspectiva de los demás. Esto fortalecerá tu capacidad para conectar con las personas y responder a sus necesidades.

Te invito a reflexionar sobre tu nivel de autoconciencia y conciencia situacional. ¿Eres capaz de leer el ambiente y reconocer cuándo hablar o cuándo guardar silencio? ¿Practicas la escucha activa y das espacio a los demás para que brillen? Considera cómo el desarrollo de estas habilidades puede potenciar tu crecimiento.

Al ser más perceptivo y adaptable, generarás interacciones más significativas y tomarás mejores decisiones. Adopta el camino del aprendizaje continuo y la mejora personal: la autoconciencia y la conciencia situacional se convertirán en herramientas poderosas en tu camino al éxito.

CAPÍTULO 13

AUTORREGULACIÓN

"No dejes que tus emociones dominen tu inteligencia."
— Morgan Freeman

Aprender a autorregular las propias emociones es una habilidad valiosa y poderosa, especialmente cuando se combina con la autoconciencia y la conciencia situacional. Implica gestionar tus emociones, mantener la compostura y elegir cómo responder ante distintas situaciones, independientemente de las provocaciones externas. Este capítulo explora la importancia de la autorregulación, cómo complementa otras habilidades tratadas en este libro, y ofrece estrategias prácticas para desarrollar esta capacidad esencial.

La importancia de la autorregulación

En la vida y en el trabajo, te encontrarás con situaciones en las que las personas duden de ti, te ofendan o te falten el respeto. Es fácil permitir que esos agravios alteren tu paz interior, pero la verdadera fortaleza radica en proteger tu equilibrio y no dar importancia a las malas intenciones de los demás. La autorregulación te ayuda a mantener la calma, asegurando que tus reacciones sean mesuradas y constructivas.

Estrategias prácticas para la autorregulación

Aquí tienes algunas estrategias para desarrollar y fortalecer tu capacidad de autorregulación:

- Haz una pausa y reflexiona: antes de reaccionar, tómate un momento para considerar cómo te está afectando la situación. Ese breve espacio te permite evaluar tus emociones y elegir una respuesta consciente.

- Técnicas de respiración: practica ejercicios de respiración profunda para calmar tu mente y tu cuerpo. La respiración profunda reduce el estrés y te ayuda a recuperar el control emocional.

- Mantente presente: enfócate en el momento actual. Las prácticas de atención plena (mindfulness), como la meditación, pueden ayudarte a mantenerte centrado y menos reactivo frente al estrés externo.

- Reformula tu perspectiva: transforma situaciones negativas en oportunidades para crecer y elevarte. Este cambio de mentalidad te permite responder de manera más positiva y constructiva.

- Practica la empatía: intenta comprender la perspectiva del otro, incluso si esa persona te ofendió o te faltó el respeto. La empatía puede disipar reacciones emocionales y favorecer una respuesta más equilibrada.

Conserva tu paz

Vas a encontrarte con detractores, egos y personas difíciles, tanto en lo personal como en lo profesional. Aunque no puedes controlar su comportamiento, sí puedes controlar tu respuesta. Aquí tienes algunos recordatorios útiles para mantener tu paz interior:

- No te lo tomes personal: las acciones y palabras de otros a menudo reflejan sus propios conflictos internos, no los tuyos.

- Nunca atribuyas a la malicia lo que puede explicarse adecuadamente por ignorancia: muchas veces, los conflictos surgen por falta de información o comprensión. En lugar de interpretar todo como un ataque personal, reconoce que quizá la otra persona no tiene todos los datos. Si es necesario, puedes tender un puente para resolver el problema y mejorar la relación.

- Toma distancia si es necesario: cuando puedas, aléjate de personas tóxicas. Proteger tu bienestar emocional y mental es prioritario.

- Concéntrate en tus metas: mantén la vista en tus objetivos y no permitas que la negatividad te desvíe. Tu propósito es más importante que un conflicto pasajero.

Te animo a que integres la autorregulación en tu vida diaria. Práctica estas estrategias y combínalas con las otras habilidades que exploramos a lo largo del libro. Al hacerlo, cultivarás una versión más resiliente, equilibrada y empoderada de ti mismo.

Recuerda: aunque no puedes controlar las acciones de los demás, siempre tienes el poder de controlar tu respuesta. Conserva tu paz, adopta el camino de la autorregulación y continúa floreciendo.

CAPÍTULO 14

ABOGA POR TI MISMO Y NEGOCIA CON CONFIANZA

*"La forma en que hablas de ti mismo importa. La manera en que te conduces también.
Eres tu primer y más importante defensor."*
— Anónimo

Abogar por ti mismo y negociar con confianza son habilidades que empoderan y pueden impactar significativamente tu vida personal y profesional. Desarrollar confianza y competencia en contextos de negociación te permitirá liderar conversaciones y alcanzar resultados favorables, sin sacrificar relaciones positivas.

Habilidades de negociación: confianza y competencia

Negociar no se trata solo de conseguir lo que quieres; también implica encontrar un equilibrio en el que ambas partes se sientan satisfechas con el resultado. Desarrollar confianza y competencia en negociación incluye:

- Preparación: investiga a fondo antes de cualquier negociación. Ten claro qué estás pidiendo y por qué es válido. Reúne datos, hechos y evidencia que respalden tu solicitud.

- Práctica: como cualquier otra habilidad, negociar mejora con la práctica. Haz juegos de rol, imaginando distintos escenarios, con una persona de confianza o un mentor para ganar seguridad.

- Comunicación clara: expresa tus ideas de forma clara y concisa. Articula tus necesidades y razones con precisión para asegurarte de que tu mensaje se entienda.

- Escucha activa: presta atención a la perspectiva de la otra parte. Escuchar activamente te permite entender sus necesidades y encontrar puntos en común.

- Confianza: cree en tu valor y en la validez de tu petición. La confianza puede influir enormemente en el resultado de una negociación.

Resultados donde todos ganan: estrategias para el éxito

Para lograr acuerdos donde ambas partes se sientan valoradas y respetadas:

- Identifica objetivos comunes: enfócate en los beneficios mutuos de la negociación y trabaja hacia ellos en conjunto.

- Enfoque colaborativo: entra a la negociación como una oportunidad de colaboración, no como una pelea. Una actitud firme pero cooperativa puede generar mejores resultados.

- Flexibilidad: mantén la mente abierta a soluciones alternativas que satisfagan a ambas partes. La creatividad y la flexibilidad son claves para cerrar buenos acuerdos.

- Cuida las relaciones: procura mantener una actitud respetuosa y profesional a lo largo de todo el proceso. Una buena relación deja una impresión duradera.

Mantente fiel a tus valores

Es crucial abogar por ti mismo sin comprometer tus valores o principios. Ten en cuenta lo siguiente:

- Integridad: no aceptes condiciones que contradigan tus valores esenciales.

- Honestidad: sé transparente respecto a lo que puedes o no aceptar. La honestidad fortalece la confianza.

- Límites: conoce tus límites y prepárate para retirarte si es necesario. A veces, no llegar a un acuerdo es mejor que sacrificar lo que consideras importante.

Investigación y validación

Antes de hacer una solicitud, asegúrate de que sea válida y esté bien fundamentada:

- Investiga el mercado: consulta estándares del sector para saber si tu petición es razonable.

- Habla con colegas: conversa con personas en roles similares para conocer puntos de referencia útiles.

- Reúne evidencia: presenta datos que respalden tu caso: encuestas salariales, métricas de desempeño o ejemplos concretos.

Experiencia personal: solicitar un ajuste salarial

Hubo un momento en el que sentí que mi salario no correspondía con mis responsabilidades, así que comencé a investigar para confirmar si mi percepción era válida. Analicé datos salariales del sector, hablé con colegas y recopilé mis principales hallazgos. Armándome de valor, solicité una reunión con mi jefe. Le envié un documento previo con los datos y una agenda, para que pudiera revisar todo antes de nuestra reunión.

Cuando conversamos, fue muy receptivo a lo que le planteé. Al revisar juntos la información, se reconoció que, efectivamente, mi sueldo no era adecuado. Poco después, se ajusto mi salario al nivel adecuado. Nuestra relación siguió siendo positiva, gracias a la transparencia y al respeto mutuo. Esta experiencia me enseñó que no perdemos nada al pedir lo que necesitamos; lo peor que puede pasar es que nos digan que no.

Soluciones creativas en una negociación laboral

Cuando estás por aceptar un nuevo trabajo —ya sea dentro de tu empresa o en una nueva compañía—, es importante entender que muchas veces existen restricciones presupuestarias o escalas salariales fijas. Sin embargo, puedes ser creativo y explorar otros beneficios para mejorar tu paquete total. Considera negociar acciones, bonos por desempeño, días extra de vacaciones, oportunidades de desarrollo profesional o modalidades de trabajo flexible. Estas alternativas pueden aportar mucho valor si el salario no puede ajustarse en ese momento.

Te animo a que abogues por ti mismo y negocies con confianza. Reflexiona sobre tus metas y lo que necesitas para alcanzarlas. Prepárate bien, practica tus habilidades de negociación y entra a cada conversación con una mentalidad colaborativa.

Recuerda: abogar por ti mismo no es ser confrontativo; es asegurarte de que tus necesidades y valores sean respetados.

CAPÍTULO 15

HABLAR EN PÚBLICO: ENCONTRAR TU VOZ Y CONSTRUIR CONFIANZA

"Haz aquello que más temes y la muerte del miedo será segura."
— Mark Twain

No a todo el mundo le gusta hablar en público, pero si tienes el deseo de dar el paso y hablar frente a audiencias pequeñas o grandes, ¡hazlo! Hablar en público puede ser una experiencia increíblemente gratificante, tanto a nivel personal como profesional.

Dato curioso

Según Forbes, al 10 % de las personas les encanta hablar en público, al 10 % les aterra, y el resto se siente incómodo. De hecho, hay quienes temen más hablar en público que morir, enfrentarse a arañas, a las alturas o a la oscuridad. Así que, si te da miedo hablar en público, no estás solo.

Experiencia personal

En la primaria, tuve una experiencia traumática que marcó profundamente mi temor a hablar en público. En verano de cuarto grado, ya de regreso tras haber vivido y estudiado en México, me pidieron hablar frente a mi clase. Cabe aclarar que el inglés era mi segundo idioma. Nerviosa por haber sido tomada por sorpresa, me trabé y no logré expresarme con claridad. Mi maestra hizo comentarios poco amables señalando mis errores, y algunos compañeros se rieron. Desde ese día, desarrollé una gran inseguridad y un profundo miedo a hablar frente a otros. El recuerdo de sus risas y la actitud de mi maestra me persiguió durante años.

Como profesional, evitaba las oportunidades de hablar en público por temor a equivocarme. A la larga entendí que ese comportamiento frenaba mi crecimiento, así que decidí enfrentar mi miedo y liberarme de él.

Con el tiempo, cuanto más hablaba en público, más cómoda me sentía. Superé esos sentimientos negativos poniéndome a prueba una y otra vez, hablándome con amabilidad y recordándome que todo estaría bien, porque era capaz y estaba preparada para afrontar el reto. Sabía que me permitiría alcanzar un nuevo nivel al superar ese desafío.

Esta experiencia me enseñó que el nerviosismo, el miedo y el pánico que sentía eran, en gran parte, autogenerados; y que, con práctica y preparación, podía transformar una de mis mayores inseguridades en una fuente de fuerza y logro personal. Hablar en público, como cualquier otra habilidad, se puede desarrollar con persistencia y determinación. Al atravesar la incomodidad y perfeccionar constantemente mis capacidades, logré convertir un temor infantil en una herramienta profesional.

Encontrar tu voz

Encontrar tu voz es el primer paso para convertirte en un orador seguro de sí mismo. Aquí tienes algunas técnicas para desarrollar tu estilo propio:

- Conoce a tu audiencia: comprende a quién te diriges y adapta tu mensaje a sus intereses y necesidades. Así lograrás conectar y hacer tu discurso más relevante.

- Sé auténtico: habla desde el corazón y con sinceridad. La autenticidad resuena en las personas y potencia tu mensaje.

- Practica la claridad y la brevedad: expresa tus ideas con claridad y concisión. Evita tecnicismos y lenguaje complejo. Cuanto más sencillo tu mensaje, más fácil será de entender y recordar.

Construir confianza

Superar el miedo y adquirir aplomo frente a una audiencia es fundamental para hablar en público con eficacia. Aquí tienes algunas estrategias para fortalecer tu confianza:

- La preparación lo es todo: domina el contenido a la perfección. Cuanto más familiarizado estés con tu material, más seguro te sentirás.

- Practica, practica, practica: ensaya tu discurso varias veces. Hazlo frente a un espejo, grábate o preséntalo ante amigos, familiares o colegas.

- Visualiza el éxito: imagina que das una presentación exitosa. La visualización positiva reduce la ansiedad y refuerza la confianza. Ver para creer.

- Técnicas de respiración: realiza ejercicios de respiración profunda para calmarte antes y durante la presentación.

Superar el miedo

Incluso las personas más influyentes y poderosas sienten nervios y ansiedad antes de hablar en público. Es una reacción natural. Aquí te explico cómo afrontarla:

- Reconoce tu miedo: acepta que estar nervioso es normal. Ese reconocimiento es el primer paso para superarlo.

- Concéntrate en el mensaje: cambia el foco del miedo al contenido que deseas transmitir. Recuerda que tu propósito es compartir algo valioso.

- Empieza de a poco: comienza hablando ante grupos pequeños y entre conocidos. A medida que crezca tu confianza, exponte ante públicos más grandes.

Estructura para hablar en público

Para organizar tus intervenciones, considera el siguiente esquema básico:

- Introducción: abre con una frase potente que capte la atención.

- Cuerpo: presenta tus ideas principales de forma clara y lógica, respaldándolas con ejemplos y datos.

- Conclusión: resume tus mensajes clave y deja una idea poderosa como cierre.

Recursos para aprender y recibir más formación

Si quieres desarrollar tus habilidades para hablar en público, explora estos recursos:

- Toastmasters International: organización global que ayuda a mejorar habilidades de oratoria y liderazgo. Busca un club cercano.

- Cursos en línea: plataformas como Coursera, Udemy y LinkedIn Learning ofrecen cursos sobre expresión oral.

- Libros: Hable como en TED, de Carmine Gallo, y El arte de hablar en público, de Dale Carnegie, ofrecen recomendaciones muy valiosas.

- Video: El poder de la presencia, de Amy Cuddy, explora cómo el lenguaje corporal afecta la percepción de los demás y de uno mismo.

- Mentoría: busca un coach o mentor en oratoria que pueda darte retroalimentación personalizada.

Si quieres convertirte en un orador más seguro y eficaz, anímate y da el salto. Empieza a practicar, prepárate a conciencia y acepta el desafío. Hablar en público puede convertirse en una de las experiencias más enriquecedoras de tu camino; y te abrirá muchas puertas para generar vínculos, construir relaciones y conectar con los demás.

ENCIENDE TU CRECIMIENTO

CAPÍTULO 16

EL PODER DEL
NETWORKING

"Si quieres ir rápido, ve solo. Si quieres llegar lejos, ve acompañado."
— *Proverbio africano*

El *networking* es mucho más que intercambiar tarjetas de presentación o tener conexiones en LinkedIn; se trata de construir relaciones que impulsen tu desarrollo profesional y personal. Las conexiones auténticas pueden ofrecer apoyo invaluable, sabiduría y oportunidades, convirtiendo tus relaciones profesionales en verdaderos salvavidas cuando navegas por aguas desconocidas.

Frecuentemente escucho grupos que recomiendan: "conéctate con personas afines" o "únete a un grupo de gente como tú". Yo te invito a hacer lo contrario. He aprendido muchísimo de personas que no son como yo. Ellas me han expuesto a perspectivas distintas, experiencias nuevas y formas innovadoras de pensar. Si solo me rodeo de quienes piensan como yo, limito mi evolución y crecimiento.

Construir relaciones: el rol del *networking*

Construir una red sólida de contactos profesionales puede ayudarte a:

- Acceder a nuevas oportunidades: una buena red puede abrirte puertas a oportunidades laborales, colaboraciones y alianzas que quizás no habrías descubierto por tu cuenta.

- Recibir mentoría y orientación: profesionales con experiencia pueden compartir consejos, historias y acompañarte en distintas etapas de tu carrera.

- Ampliar tus conocimientos y habilidades: el *networking* te permite aprender de otros, mantenerte al día con las tendencias del sector y ganar nuevas perspectivas que nutran tu desarrollo.

Conexiones auténticas: cómo fomentar relaciones genuinas

Las conexiones genuinas se construyen con confianza, respeto mutuo e interés sincero por el bienestar del otro. Aquí tienes algunos consejos para fomentar relaciones genuinas:

- Sé auténtico: acércate al *networking* con un interés real por los demás. La autenticidad genera confianza y vínculos más sólidos y significativos.

- Escucha activamente: muestra curiosidad por la experiencia, los desafíos y las aspiraciones del otro. Escuchar con atención demuestra respeto y te ayuda a comprender su punto de vista.

- Ofrece tu ayuda: el *networking* es una vía de doble sentido. Busca cómo aportar valor a tus contactos, ya sea compartiendo conocimientos, brindando apoyo o conectándolos con otras personas.

- Mantén el contacto: revisa tu red con regularidad, incluso cuando no necesites nada. Esto mantiene viva la relación y demuestra que valoras la relación. Consejo: las temporadas festivas son una excelente ocasión para enviar saludos o mensajes personalizados.

Gestión proactiva de tu red

Te animo a gestionar tu red de forma proactiva. Esto te permitirá generar oportunidades sin que parezca que solo contactas a las personas cuando necesitas algo. Aquí te muestro cómo:

- Identifica contactos importantes: revisa con regularidad quiénes son las personas en tu red que pueden brindarte orientación, apoyo u oportunidades.

- Interactúa de manera constante: comparte actualizaciones, felicita logros o contacta simplemente para conversar.

- Aporta valor: comparte artículos relevantes, ofrece tu ayuda o conecta a personas dentro de tu red que puedan beneficiarse entre sí.

- Lleva un registro: usa herramientas como hojas de cálculo o sistemas CRM sencillos para anotar tus interacciones, notas y seguimientos.

- Haz seguimiento y cumple lo prometido: si recurres a alguien de tu red, asegúrate de hacer lo que dijiste y cerrar el ciclo. No dejes conversaciones sin respuesta y siempre agradece el tiempo y apoyo que te ofrecen.

Te animo a construir y gestionar tu red de contactos de manera proactiva. El *networking* no se trata solo de buscar ayuda cuando la necesitas, sino de fomentar relaciones genuinas y mutuamente beneficiosas que puedan empoderarte, inspirarte y abrirte las puertas a nuevas oportunidades. Al cultivar una red auténtica y sólida, tendrás más herramientas para avanzar en tu carrera y en tu camino de crecimiento personal.

Networking para la búsqueda de empleo

Cuando utilices tu red para explorar oportunidades laborales, es fundamental que lo hagas con respeto y profesionalismo. Evita mensajes genéricos como: "Hola, estoy buscando trabajo en ventas, avísame si hay algo en tu empresa".

Este enfoque transmite falta de preparación y da la impresión de que esperas que el otro haga el trabajo y esfuerzo por ti.

En su lugar, redacta un mensaje claro, bien pensado, y que indique cómo esa persona puede ayudarte. Por ejemplo:

"Hola Jazmín:

Estoy buscando activamente mi próxima oportunidad profesional y vi que tu empresa está contratando un/a gerente de Éxito del Cliente. Me interesa mucho el puesto y creo que mis habilidades y experiencia se alinean con lo que buscan. Adjunto mi currículum para tu consideración y agradecería mucho una introducción con el/la reclutador(a) o responsable de selección.

¿Tendrías 5 o 10 minutos para conversar?

Muchas gracias por tu tiempo y apoyo.

[Tu nombre]"

Al acercarte con un mensaje claro, conciso y respetuoso, demuestras que valoras el tiempo de tu contacto y que te tomas en serio tu desarrollo profesional. Esta actitud no solo aumenta tus posibilidades de recibir ayuda, sino que también fortalece la relación.

Rechazos y falta de respuesta: ten en cuenta que no todas las personas responderán o se involucrarán con tus solicitudes. Y está bien. Recuerda que cada persona tiene su propio proceso y circunstancias. No supongas lo peor; sigue adelante con determinación y foco.

Reflexión final

El verdadero poder del *networking* está en las relaciones que construyes. Acércate a este proceso con autenticidad y generosidad, y descubrirás el potencial que tiene para transformar tu vida profesional y personal.

CAPÍTULO 17

SENTIRSE CÓMODO CON LA INCOMODIDAD

"El crecimiento no coexiste con la comodidad."
— Ginni Rometty

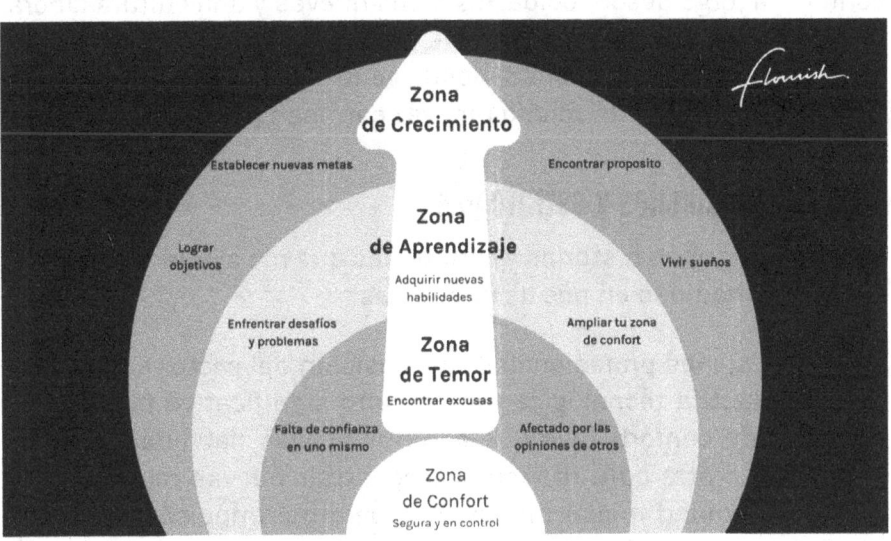

El camino del crecimiento suele requerir que salgamos de nuestra zona de confort. Esa incomodidad no solo es inevitable, sino esencial para alcanzar nuestras metas y progresar.

Como ilustra el concepto de las zonas de crecimiento, atravesamos distintas etapas: desde la Zona de Confort, pasando por la Zona del Miedo y la Zona de Aprendizaje, hasta llegar finalmente a la Zona de Crecimiento.

Zonas de crecimiento: salir de la zona de confort

Es fundamental invitarte a ti, querido lector, a que salgas de tu zona de confort como parte del camino hacia el crecimiento. Rara vez crecemos cuando nos quedamos en un lugar donde todo está bajo control y nos resulta familiar. El crecimiento sucede cuando nos desafiamos, asumimos riesgos y nos lanzamos hacia lo desconocido.

Abrazar la incomodidad

Mi carrera ha sido un testimonio del poder de abrazar la incomodidad. Empezar en una nueva industria desde un cargo inicial representó, para mí, lo que significa verdaderamente salir de la zona de confort. La jerga desconocida, las caras nuevas y una cultura laboral diferente fueron parte del tapiz de incomodidad que elegí abrazar. Esa incomodidad fue el crisol donde se forjó mi resiliencia; aprendí que crecimiento y comodidad rara vez caminan por la misma senda.

Historias personales y estrategias

Estas son algunas historias y estrategias que me ayudaron a atravesar la incomodidad en pos de mis metas:

- Transiciones profesionales: la transición del sector educativo a la industria tecnológica fue un salto significativo fuera de mi zona de confort. Tuve que adquirir nuevas habilidades, adaptarme a otra cultura laboral y construir nuevas relaciones. La incomodidad inicial fue enorme, pero me impulsó a crecer de formas que no imaginaba.

- Hablar en público: como conté en el capítulo anterior, hablar en público fue durante mucho tiempo una gran fuente de temor para mí. Pero al seguir exponiéndome y aceptando la incomodidad, fui ganando confianza y efectividad como oradora.

- Negociar para uno mismo: pedir un ajuste salarial implicó entrar en una zona incómoda. Investigar, preparar mi caso y mantener una conversación honesta con mi jefe requirió valentía y estar dispuesta a enfrentar un posible rechazo. Aprendí que, muchas veces, la incomodidad es antesala de cambios positivos y crecimiento.

Las zonas de la incomodidad

El concepto de las zonas de crecimiento describe el recorrido desde la Zona de Confort hasta la Zona de Crecimiento:

- Zona de confort: sentimos seguridad y control, pero el crecimiento se estanca.

- Zona del miedo: nos afectan las opiniones ajenas, nos falta confianza y buscamos excusas. Es la incomodidad inicial al salir de la zona conocida.

- Zona de aprendizaje: enfrentamos desafíos, adquirimos nuevas habilidades y ampliamos nuestra zona de confort. Aquí comenzamos a adaptarnos y crecer.

- Zona de crecimiento: establecemos nuevas metas, encontramos propósito y vivimos nuestros sueños. Aquí ocurre la verdadera transformación.

Abrazar el proceso

Atravesar estas zonas es esencial para el crecimiento personal y profesional. Aquí tienes algunos consejos adicionales para aprender a sentirte cómodo con la incomodidad:

- Cambia de mentalidad: adopta una mentalidad de crecimiento. Considera los desafíos y la incomodidad como oportunidades para aprender y desarrollarte, no como amenazas.

- Fija metas realistas: divide tus objetivos grandes en pasos más pequeños y manejables. Así, el proceso será menos abrumador y ganarás confianza con cada avance.

- Busca apoyo: apóyate en tu red de contención—familia, amistades, mentores y colegas. Su ánimo y orientación pueden darte la fuerza que necesitas para atravesar la incomodidad.

- Reflexiona y adapta: evalúa tus experiencias con regularidad. Identifica qué está funcionando, qué no, y ajusta tu enfoque cuando sea necesario.

Reflexión personal

Este tema resuena profundamente en mí porque me considero una aprendiz constante. He aprendido a abrazar lo incómodo y descubrir que hay belleza y recompensa allí. El camino continúa y claro que puede ser aterrador, pero te aseguro que cada paso fuera de la zona de confort trae nuevas oportunidades de aprendizaje y evolución.

Tómate un momento para reflexionar sobre tus propias zonas de confort y considera en qué áreas podrías salir de ellas para crecer. Abraza la incomodidad sabiendo que es parte necesaria del camino hacia tus metas. Recuerda que el crecimiento y la comodidad rara vez van de la mano. Cuando aprendes a sentirte cómodo con la incomodidad, puedes liberar tu verdadero potencial y lograr un éxito personal y profesional extraordinario.

Acepta el desafío, empuja tus límites y descubrirás que el camino de la incomodidad conduce a los logros más transformadores.

CAPÍTULO 18

INVERTIR EN TI MISMO

"La inversión en conocimiento rinde los mejores intereses."
— Benjamin Franklin

Invertir en ti mismo es una de las decisiones más importantes que puedes tomar para alcanzar el éxito a largo plazo. Se trata de tomar decisiones financieras inteligentes que respalden tus aspiraciones y de priorizar tu desarrollo personal y profesional por encima de las posesiones materiales o la gratificación momentánea. A menudo, muchas personas sucumben a la tentación de los placeres temporales en lugar de dedicar su tiempo y recursos a opciones que mejoren su calidad de vida a largo plazo. Si invertir en uno mismo es tan crucial para el éxito, ¿por qué a menudo lo descuidamos?

Hubo una época en que me encontré gastando libremente en cosas como hacerme las uñas y el cabello, despilfarrar en compras o salir constantemente sin considerar mi presupuesto. Prioricé estos gustos porque me daban una satisfacción personal inmediata. Sin embargo, un día me detuve a analizar mis hábitos de gasto y fue dolorosamente claro que no estaba usando bien mis recursos. Después de cubrir mis necesidades básicas, el dinero que me quedaba no iba a cosas que realmente aportaran valor o impacto duradero en mi vida, sino a cosas que eran simplemente agradables de tener.

Me costaba asumir la idea de invertir en mí de formas más significativas, como inscribirme en un curso con certificación, un programa de mentoría o un taller profesional. Requería un nivel de enfoque, compromiso y responsabilidad que no estaba segura de tener todavía. Pero entonces empecé a preguntarme: Si no me desafío a mí misma, ¿cómo voy a crecer? ¿Y si redirigiera algunos de mis recursos hacia cosas que impulsen mi desarrollo personal y profesional?

Revisé mi situación financiera y descubrí que, al reducir salidas y gastos innecesarios, podía ahorrar fácilmente unos cuantos miles de dólares para invertir en mí. Esa inversión podía traducirse en certificaciones o cursos especializados que abrieran nuevas puertas en mi carrera. Ese cambio de mentalidad me llevó a revisar también otros aspectos de mi vida. Me volví menos impulsiva y más consciente al gastar en ocio, ropa, accesorios o tecnología. Estas cosas pueden estar bien de vez en cuando, pero también es vital destinar recursos a aquello que dará frutos con el tiempo.

Al adoptar esta nueva manera de pensar noté un cambio importante en mi salud, conocimientos y habilidades. Y en consecuencia, al tomar decisiones financieras calculadas, empecé a construir un futuro en el que mis inversiones se multiplicaban, tanto a nivel personal como profesional.

Invertir en ti mismo: más allá de lo material

En la mayoría de los casos, invertir en tu desarrollo personal y profesional tiene mucho más impacto que gastar en bienes materiales. Aquí tienes algunas maneras de hacerlo:

- Educación y formación: inscríbete en cursos, asiste a talleres y obtén certificaciones que fortalezcan tus habilidades y conocimientos. Estas inversiones pueden abrirte nuevas oportunidades y ayudarte a avanzar en tu carrera.

- Salud y bienestar: invierte en tu salud física y mental. Hacer ejercicio regularmente, comer bien y cuidar tu salud emocional es fundamental para tu bienestar general.

Sabiduría financiera: decisiones alineadas con tus metas

La sabiduría financiera implica tomar decisiones que apoyen tus objetivos a largo plazo. Es fácil dejarse llevar por placeres inmediatos, pero es esencial reflexionar si tus gastos están alineados con tus metas. Aquí algunas claves para lograrlo:

- Analiza detenidamente en qué se va tu dinero: ¿Estás destinando recursos a cosas que realmente pueden mejorar tu vida? ¿O estás gastando demasiado en gratificaciones pasajeras? Mi esposo y yo hicimos este ejercicio varias veces en los primeros años de matrimonio. Los datos eran claros: nos ayudaron a identificar áreas de mejora y a tomar decisiones financieras más acertadas para nosotros y nuestra familia.

- Prioriza inversiones en ti mismo: destina recursos a áreas que te generen beneficios a largo plazo, como la educación, el desarrollo de habilidades o la salud.

- Crea un presupuesto: diseña un presupuesto que esté alineado con tus objetivos. Te ayudará a administrar mejor tus finanzas y asegurarte de que estás invirtiendo en tu futuro. Aquí, el factor clave es que te hagas responsable de cumplirlo.

Sacrificios para lograr tus metas

Alcanzar tus objetivos a veces requiere hacer sacrificios. Hay ciertas acciones, aunque placenteras, que entran en conflicto con lo que queremos lograr. Tomemos la salud como ejemplo: no podemos estar en nuestro mejor estado físico si tenemos malos hábitos alimenticios o somos sedentarios. Es fundamental identificar qué barreras están limitando nuestro crecimiento y eliminarlas. Aquí algunas ideas:

- Define tus metas: tener claridad sobre lo que quieres lograr hace más fácil detectar los obstáculos que puedan aparecer en el camino.

- Crea un plan: diseña un plan realista para alcanzar esas metas. Detalla los pasos que necesitas dar y los recursos necesarios. ¿Hay hábitos o costumbres actuales que podrías necesitar cambiar? Inclúyelos en tu planificación.

- Comprométete: cumple con tu plan y hazte responsable. Monitorea tu progreso, ajusta lo que sea necesario y no te rindas.

Invertir en ti mismo no siempre es fácil

Invertir en ti no siempre es algo natural. Muchos hemos sido condicionados a buscar gratificación inmediata, y renunciar al placer del presente por beneficios futuros puede parecer poco atractivo o incluso intimidante. Yo misma he caído en esa trampa mental más de una vez. Sin embargo, descubrí que cambiar el enfoque hacia beneficios a largo plazo marcó una gran diferencia en mi vida.

Piensa en esto: el dinero que gastas en pequeños placeres, aparentemente inofensivos, podría ser justo lo que necesitas para un curso o certificación que te impulse en tu carrera. Por eso es tan importante reflexionar críticamente sobre en qué estás gastando y si eso realmente está alineado con tus objetivos. A veces eso implica dejar pasar el último aparato, evitar compras de lujo innecesarias o reducir ciertos gastos en entretenimiento.

Hazlo un hábito: reevalúa tus prioridades con frecuencia

Para asegurarte de que sigues invirtiendo en ti, conviértelo en un hábito. Evalúa regularmente tus prioridades y tus decisiones de gasto. La vida cambia y tus metas también; por eso, tus inversiones personales deben evolucionar con ellas. Reserva un momento cada año para revisar si tus elecciones financieras están alineadas con tus aspiraciones actuales y haz ajustes si es necesario.

Te animo a que des el primer paso y así comenzar a invertir en ti mismo. Revisa tus gastos, identifica oportunidades de crecimiento y comprométete con los sacrificios necesarios para lograr tus metas a largo plazo. Recuerda: la mejor inversión que puedes hacer es en ti. Al priorizar tu desarrollo personal y profesional, sientas las bases para un futuro de crecimiento continuo, éxito y realización.

CAPÍTULO 19

VESTIR PARA EL ÉXITO

"Vístete como quieres ser tratado."
— Anónimo

En el entorno laboral actual —cada vez más casual y con mayor énfasis en la autenticidad— es fácil pasar por alto la importancia de cómo nos presentamos mediante nuestra vestimenta. Sin embargo, la forma en que nos vestimos dice mucho sobre quiénes somos y cómo abordamos nuestro trabajo. Ya sea para una entrevista, una reunión importante, una presentación pública o un día cualquiera en la oficina, lo que llevas puesto sí importa. Vestir para el éxito no se trata solo de lucir bien; se trata de proyectar profesionalismo, confianza y respeto por las oportunidades que tienes delante.

Por qué importa la apariencia

La apariencia es lo primero que las personas notan de nosotros y tiene un impacto significativo en cómo nos perciben. Estudios demuestran que la vestimenta puede afectar desde las primeras impresiones hasta nuestras posibilidades de que nos contraten, nos ofrezcan un ascenso o que nos tomen en serio. Vestir de manera adecuada para cada ocasión demuestra que comprendes las expectativas de tu rol y del entorno en el que estás. Muestra que te tomas en serio tu trabajo y que respetas a quienes te rodean.

Además, cuando te ves bien, también tiendes a sentirte bien. Aunque puede que requiera un poco más de esfuerzo, hay muchas razones válidas para cuidar tu aspecto.

Viste para el trabajo que deseas

Existe un dicho que dice: "Vístete para el trabajo que quieres, no para el que tienes". Esta frase sigue siendo válida incluso en los entornos laborales más relajados. Cuando te vistes como si ya ocuparas el puesto al que aspiras, transmites un mensaje claro: estás listo para dar el siguiente paso. Esto no significa que debas usar traje todos los días si eso no es lo habitual en tu industria, pero sí implica ser intencional con tus elecciones de vestuario.

Por ejemplo, si aspiras a un puesto de liderazgo, vestir con un poco más de elegancia puede comunicar sutilmente que estás preparado para asumir más responsabilidades. Si trabajas en un campo creativo, tu atuendo puede reflejar tu personalidad, siempre manteniendo una imagen profesional. La clave está en alinear tu apariencia con tus metas profesionales y con la cultura de tu entorno laboral. Lucir bien no requiere gastar en alta costura; lo que realmente importa es vestirte de manera adecuada para el entorno en el que te desenvuelves.

Consideraciones adicionales para las mujeres: Vestir con profesionalismo y respeto

En lo referido a las mujeres, vestir para el éxito implica tener en cuenta factores adicionales. Lamentablemente, los estereotipos y sesgos siguen presentes en el ámbito laboral, y la manera en que una mujer se viste puede influir en cómo se la percibe. Es fundamental vestirse como profesional para obtener el respeto que mereces y que te tomen en serio. Esto no implica renunciar a tu estilo personal, sino ser consciente del mensaje que transmite tu ropa.

- Profesionalismo ante todo: elige prendas que transmitan autoridad y competencia. Trajes bien entallados, vestidos o blusas adecuadas para el entorno laboral ayudan a que lo que destaque sea tu capacidad, no tu vestuario.

- Evita distracciones: aunque la moda es una forma de expresión, en contextos profesionales es mejor evitar prendas que puedan considerarse inapropiadas o que distraigan. Opta por piezas clásicas y atemporales que dejen brillar tu trabajo.

- Equilibra feminidad y profesionalismo: es posible mostrar tu personalidad sin perder profesionalismo. Un accesorio bien elegido, un toque de color o un corte elegante pueden reflejar tu estilo sin restarle seriedad a tu imagen.

Vestirte con intención te ayuda a proyectar seguridad y a ganarte el respeto que mereces en cualquier entorno profesional. Tu imagen debe acompañar tus aspiraciones y reforzar tu posición como persona competente y capaz.

Consejos para vestir con éxito

- Conoce a tu público: ya sea para una entrevista, una reunión con clientes o una presentación, piensa con quién vas a interactuar y qué expectativas puedan tener. Viste de manera que se alinee con ese contexto, sin dejar de ser fiel a tu estilo.

- Invierte en calidad: no necesitas un guardarropa enorme, pero sí contar con algunas piezas de buena calidad que puedas combinar fácilmente. Un blazer bien entallado, una camisa o blusa impecable y unos zapatos pulidos pueden marcar la diferencia.

- Cuida los detalles: cosas pequeñas como unos zapatos limpios, un peinado prolijo y accesorios discretos y profesionales suman mucho a tu presencia. Estos detalles hablan de tu atención no solo a tu imagen, sino también a tu forma de trabajar.

- Vístete para la ocasión: entiende el código de vestimenta según la situación. Un viernes informal puede permitir jeans, pero una reunión importante con directivos requiere una presentación más formal.

- Elige ropa que te haga sentir bien: vestir para el éxito no se trata solo de lo que los demás piensen, sino también de cómo te sientes tú. Cuando estás cómodo con lo que llevas, es más probable que transmitas seguridad. Escoge prendas que te empoderen y te preparen para afrontar lo que venga.

Sé tu propio representante de relaciones públicas

Somos nuestros propios representantes de imagen. Nuestra presentación es un reflejo directo de nuestra marca personal. Cada vez que entras a una reunión, vas a una entrevista o haces una presentación, estás representando no solo a tu equipo o empresa, sino también a ti mismo.

Preséntate y deslumbra según corresponda. Tu imagen puede reforzar —o debilitar— el mensaje que quieres transmitir. Por eso, sé consciente de cómo te presentas.

Vestir para el éxito es mucho más que ropa: es una forma de proyectarte de acuerdo con tus objetivos y con las expectativas de tu entorno. Te animo a ser intencional y reflexivo en tus decisiones de vestuario. Así, podrás fortalecer tu imagen profesional, construir confianza y prepararte para alcanzar tus metas. Recuerda: cada día es una oportunidad para mostrar tu mejor versión. Así que vístete en consecuencia y permite que tu apariencia hable por ti.

En un mundo donde la primera impresión importa, deja que tu vestimenta refleje tu profesionalismo, tu ambición y tu preparación para enfrentar cualquier desafío.

CAPÍTULO 20

ALIANZAS OCULTAS

"A veces encontramos a nuestros mayores aliados en los lugares menos esperados."
— Jodi Picoult

En cualquier entorno profesional, las alianzas entre individuos o grupos pueden impactar significativamente en el éxito o el fracaso de iniciativas, proyectos e incluso de organizaciones enteras. A menudo, estas alianzas operan bajo el radar, invisibles para quienes no están directamente involucrados. Comprenderlas y saber navegar estas alianzas ocultas es una habilidad esencial para quien desee liderar cambios, influir en resultados o simplemente mantener la armonía en entornos laborales complejos.

Cómo identificar alianzas ocultas

Las alianzas ocultas suelen formarse a partir de objetivos compartidos, intereses en común o conexiones personales que quizá no sean inmediatamente obvias. Pueden cruzar departamentos, involucrar a distintos grupos de interés o surgir entre personas que comparten una misma causa. Identificar estos vínculos desde el principio te permitirá comprender mejor el panorama de influencias dentro de tu organización.

- Observa las dinámicas: presta atención a las interacciones en reuniones, hilos de correos electrónicos o espacios informales. ¿Quién se alinea siempre con quién? ¿Quién cede ante quién? Estos patrones pueden revelar alianzas no evidentes a primera vista.

- Escucha con atención: muchas veces, la forma en que las personas hablan sobre otros o respaldan consistentemente ciertos proyectos puede darte pistas. Si alguien respalda consistentemente las ideas o iniciativas de otra persona, puede haber un lazo más profundo.

- Haz las preguntas adecuadas: en conversaciones individuales, algunas preguntas bien formuladas pueden ayudarte a descubrir quién está alineado con quién. Por ejemplo, preguntar a quién consideran la persona más influyente en cierta área puede revelar conexiones clave.

Cómo aprovechar y gestionar alianzas

Una vez identificadas estas alianzas ocultas, puedes comenzar a aprovecharlas para fortalecer tus iniciativas, reducir resistencias o encontrar puntos de acuerdo con quienes inicialmente parecen estar en contra.

- Construye alianzas de apoyo: alinéate con personas que ya tienen alianzas sólidas y que pueden respaldar tus propuestas. Al ganar su apoyo, también expandes tu propia red e influencia.

- Reduce la resistencia: si detectas alianzas que se oponen a tus esfuerzos, considera buscar intereses comunes. Entender sus motivaciones te permitirá diseñar estrategias que atiendan sus inquietudes y que, con suerte, logren convencerlos.

- Aprovecha causas compartidas: incluso cuando ciertas alianzas parezcan contrarias a tus metas, puede haber áreas de interés común. Destacar esos puntos compartidos quizá tienda puentes, abriendo así la puerta a colaboraciones.

La naturaleza única de las colaboraciones

Las colaboraciones que surgen de alianzas ocultas operan bajo un conjunto diferente de reglas. Suelen ser más complejas y sutiles que las asociaciones convencionales. Comprender sus particularidades te permitirá gestionarlas mejor.

- Ventajas: estas alianzas pueden aportar diversidad de ideas y recursos, enriqueciendo las colaboraciones y haciéndolas más efectivas. Además, pueden generar un sentido de solidaridad y apoyo mutuo que impulsa los proyectos.

- Desventajas: al ser más frágiles, una mala gestión, prioridades en conflicto o malentendidos pueden llevarlas al fracaso. El secretismo o exclusividad de estas alianzas también puede despertar recelo entre quienes se sienten excluidos.

- Claves del éxito: la confianza, el respeto mutuo y una comprensión clara de los roles y aportes de cada miembro son esenciales. También lo son la comunicación regular y la transparencia dentro de la alianza.

- Riesgos comunes: estas alianzas pueden romperse si se pierde la confianza, cambian las dinámicas de poder o no se cumplen los objetivos. Conocer estos riesgos te ayudará a prevenirlos o gestionarlos a tiempo.

Reconocer la construcción sistemática de alianzas

Uno de los aspectos más importantes de estas alianzas es entender que no se forman de manera impulsiva, sino que se cultivan con estrategia y constancia.

- Perspectiva a largo plazo: las alianzas efectivas no se crean de la noche a la mañana. Requieren tiempo, esfuerzo y una estrategia clara.

- Construcción deliberada: genera interacciones frecuentes y significativas con posibles aliados. Interésate genuinamente por sus objetivos y desafíos, y busca maneras de alinear los tuyos con los de ellos.

- Coherencia y confiabilidad: ser coherente en tus acciones y cumplir lo que prometes fortalece la confianza y consolida la alianza con el transcurrir del tiempo.

Precaución y conciencia en el manejo de alianzas

Al trabajar con alianzas ocultas, es vital actuar con prudencia. Es cierto que pueden ser poderosas, pero también frágiles. Un paso en falso, y tal vez las relaciones se debiliten o las redes construidas con esmero se deshilen.

- Atención plena: considera siempre el impacto potencial de tus acciones. Una decisión bien intencionada, si no se evalúa con cuidado, puede desequilibrar una alianza.

- Precaución en la comunicación: ten cuidado con lo que compartes y con quién. La información sensible puede malinterpretarse o volverse en tu contra si cae en manos equivocadas.

- Flexibilidad: prepárate para adaptarte. Las alianzas cambian y evolucionan; lo que funciona en un contexto puede no funcionar en otro.

Reflexión final

Las alianzas ocultas son una parte integral del panorama profesional. Saber identificarlas, aprovecharlas y gestionarlas con inteligencia puede ayudarte a desenvolverte mejor en entornos complejos y posicionarte para el éxito. Reconoce que no se construyen con prisa, sino con intención, constancia y cuidado. A medida que avances, actúa con cautela, mantente flexible y presta atención a las dinámicas que te rodean. Al hacerlo, transformarás las alianzas ocultas en activos poderosos que respalden tus metas e iniciativas, incluso en los escenarios más desafiantes.

CAPÍTULO 21

DOMINA TU ESPACIO MENTAL Y SOCIAL

"La felicidad de tu vida depende de la calidad de tus pensamientos."
— Marco Aurelio

La forma en que pensamos, el modo en que nos hablamos a nosotros mismos y las personas con las que elegimos rodearnos son fundamentales para construir nuestra mentalidad y bienestar. El autodiálogo positivo fortalece nuestra confianza y resiliencia; un círculo social que nos apoye puede brindarnos ánimo, influencia y perspectiva. Por el contrario, el autodiálogo negativo y las relaciones tóxicas pueden obstaculizar nuestro crecimiento y éxito.

A medida que crecí y maduré, fui notando patrones mentales y conductas que interferían con mi claridad y mi proceso de pensamiento . Reconocí que me estaban limitando y decidí conscientemente cambiar mi enfoque hacia una manera de pensar más constructiva y positiva.

Comprendí que si quería una vida con propósito, relaciones sanas, éxito y alegría, era necesario transformar mi perspectiva desde adentro hacia afuera. No fue un proceso fácil ni inmediato: requirió introspección, paciencia, práctica y una gran dosis de intención para reconfigurar mis pensamientos y conductas.

Las herramientas que facilitaron esta transformación fueron la autoconciencia, el autodiálogo positivo y, quizás lo más importante, la intención con la que elegí a las personas de mi entorno. También empecé a ser consciente de lo que consumía mental y emocionalmente. Esto implicó priorizar influencias constructivas y alentadoras, al mismo tiempo que me alejaba de entornos o situaciones que no fomentaban mi desarrollo. Estrategias como seleccionar cuidadosamente mi entorno social, elegir de forma consciente los contenidos que consumía y cultivar una actitud positiva fueron clave en este camino. Espero que estas herramientas también te inspiren y te den poder para realizar cambios que estén alineados con tus metas y aspiraciones.

Este capítulo explora el poder de la mente, la influencia del entorno social y los beneficios de consumir contenidos de forma consciente. Cada uno de estos elementos influye de manera decisiva en quiénes somos... y en quiénes podemos llegar a ser.

El poder del autodiálogo

El autodiálogo es la conversación interna que mantenemos con nosotros mismos: lo que pensamos ante nuevas ideas, decisiones o juicios. Puede ser positivo y empoderador, o negativo y limitante. Aquí algunas ideas clave sobre su poder:

- Moldea tu mentalidad: el autodiálogo positivo fomenta una mentalidad de crecimiento, en la que los desafíos se ven como oportunidades. El negativo, en cambio, refuerza una mentalidad fija que percibe los obstáculos como barreras imposibles.

- Refuerza la confianza: darte palabras de aliento puede fortalecer tu autoestima y ayudarte a enfrentar los retos con una actitud resolutiva. Frases como "Puedo manejarlo" o "Soy capaz de esto" hacen una gran diferencia.

- Gestiona el estrés: Reformular situaciones difíciles mediante un autodiálogo positivo puede reducir la ansiedad y ayudarte a ver las cosas desde una perspectiva más manejable.

Estrategias para un autodiálogo positivo

Para aprovechar el poder del diálogo interno, considera estas estrategias:

- Toma conciencia: empieza por observar tu diálogo interno. Cuando detectes pensamientos negativos, reemplázalos conscientemente por afirmaciones constructivas.

- Usa afirmaciones: apuntala tus fortalezas con frases positivas como "Soy fuerte", "Puedo alcanzar mis metas" o "Voy a aprender de esta experiencia".

- Reformula los desafíos: en lugar de pensar "No puedo con esto", prueba con "Voy a encontrar la manera de superarlo".

La calidad de tu entorno importa más que la cantidad

Es preferible tener un círculo pequeño, pero confiable y positivo, que una gran red de vínculos que no suman —o incluso restan. Un entorno de apoyo se construye con respeto mutuo, ánimo genuino y crecimiento compartido. Rodearte de personas que creen en ti y en tus metas crea un contexto donde puedes prosperar. En cambio, una red extensa, pero cargada de negatividad o indiferencia, puede drenar tu energía y desviarte de tus propósitos.

Entre los mayores beneficios de contar con una comunidad de apoyo destacan:

- Apoyo y motivación: las personas que te alientan —ya sean familiares, amistades o colegas— pueden ser una fuente clave de confianza y empuje.

- Retroalimentación constructiva: un entorno sano también ofrece críticas útiles para tu desarrollo, además de puntos de vista que quizás no habías considerado.

- Objetivos y valores compartidos: cuando tu entorno comparte tus valores, se genera un efecto de sinergia: todos se impulsan mutuamente hacia el éxito.

Selecciona conscientemente tu entorno social

Te comparto algunas recomendaciones para crear un entorno social positivo:

- Evalúa tus relaciones: pregúntate si te nutren o te agotan. ¿Son constructivas o te roban energía? Cuida y fortalece aquellas que realmente te suman.

- Busca lo positivo: acércate a personas con mentalidad positiva y empoderadora. Participa en espacios y comunidades que estén alineados con tus intereses y valores.

- Establece límites: protégete de las influencias negativas. Poner límites es clave para resguardar tu salud emocional y mental.

Consumo consciente

Lo que consumimos —conversaciones, redes sociales, música o películas— influye profundamente en nuestro estado mental y emocional. Aquello que más espacio ocupa en tu mente moldea tus decisiones, tu ánimo y tu visión del mundo. Por eso, es fundamental elegir con cuidado los estímulos que alimentan tu mente y tu espíritu.

- Redes sociales: sigue cuentas que te inspiren. Reduce tu exposición a contenidos tóxicos o negativos que puedan afectar tu salud mental.

- Medios y entretenimiento: elige música, series o películas que tengan un efecto positivo. Sé consciente del tipo de mensajes y emociones que despiertan en ti.

- Conversaciones: elige charlas constructivas. Evita el chisme y la negatividad, que solo te desgastan y no te aportan nada.

Reflexión personal

En mi experiencia, tanto el autodiálogo como el entorno social han tenido un impacto inmenso. Los podcasts con enfoque espiritual, orar, hacer afirmaciones positivas y hablarme con amabilidad me ha ayudado a atravesar momentos difíciles con resiliencia.

Algunos de los podcasts que más recomiendo en español son los de Pastora Yesenia Then, Maïté Issa y Melanie Centeno. Al mismo tiempo, rodearme de personas que me apoyan ha sido clave para mi crecimiento personal y profesional.

En el contexto cultural mexicano, suele haber una expectativa de mantener cerca a todos los miembros de la familia, incluso cuando su presencia resulte tóxica o perjudicial. Esta expectativa puede dificultar el establecimiento de límites. En mi caso, tuve que tomar decisiones difíciles y alejarme de familiares cuya energía era negativa, dañina o simplemente no contribuía a mi bienestar. No fue fácil, pero necesario para proteger mi salud emocional y mental.

Te invito a reflexionar sobre tu autodiálogo, tu círculo social y tus hábitos de consumo. ¿Tus pensamientos internos te fortalecen? Las personas que te rodean, ¿te inspiran y elevan? ¿Estás eligiendo contenidos que nutren tu mente y tu alma?

Da pasos concretos: fortalece tu autodiálogo positivo, selecciona conscientemente tu entorno social y sé selectivo con lo que consumes. Con estos tres pilares, estarás creando una base poderosa para tu crecimiento personal y profesional.

Las voces que escuchas —internas y externas— moldean tu realidad. Elige con sabiduría; y que el poder del autodiálogo, las relaciones que te apoyan y el consumo consciente te impulsen hacia tus metas.

CONCLUSIÓN Y REFLEXIONES FINALES

—

Reflexiones sobre el camino recorrido

Al llegar al final de Enciende tu crecimiento, quiero invitarte a reflexionar sobre el camino que recorrimos juntos. He construido cada capítulo a partir de experiencias personales, desafíos y logros, con la intención de compartir ideas valiosas y estrategias prácticas para ayudarte a liberar tu potencial. El éxito, la autoconciencia, la resiliencia y el aprendizaje continuo son los hilos que entretejen el tapiz que es este libro.

Ideas clave:

- Define el éxito en tus propios términos: comprende qué significa el éxito para ti y alinea tus metas con tu esencia y valores.

- Abraza la incomodidad: el crecimiento suele requerir que salgas de tu zona de confort. Las transformaciones más profundas ocurren cuando nos desafiamos.

- Invierte en ti: prioriza tu desarrollo personal y profesional por encima de las posesiones materiales. Las inversiones inteligentes en ti mismo generan beneficios duraderos.

- Autodiálogo positivo y entornos que te eleven: cultiva una conversación interna constructiva y rodéate de personas que te inspiren y te impulsen a crecer.

- Consumo consciente: presta atención a lo que consumes mental y emocionalmente. Elige estímulos que nutran tu mente y fortalezcan tu espíritu.

Soy una aprendiz constante y una obra en progreso. Sigo alimentando mi curiosidad en busca de oportunidades que me ofrezcan nuevas perspectivas y experiencias. Todo lo que compartí contigo nace de vivencias reales, de haber atravesado la adversidad y del deseo genuino de desarrollar mi potencial. Nada de esto ha sido fácil, y agradezco que así haya sido: fueron los momentos más oscuros y difíciles los que me enseñaron lo que realmente valoro de mí misma, de quienes me rodean y de los principios que guían mi vida y mis decisiones.

Creo en el plan de Dios y en que cada uno de nosotros tiene el poder de vivir una vida alineada con sus propios valores. Si hay algo en tu vida o en tu carrera que no está yendo como deseas, da los pasos necesarios para cambiarlo. Solo tú puedes identificar —y transformar— aquello que no te suma valor.

Te animo a explorar lo posible. Con gracia, determinación y ganas, todo objetivo estará a tu alcance. Da el primer paso para liberar tu potencial abrazando los principios que se comparten en esto libro. Explora los recursos sugeridos, aplica las estrategias en tu vida diaria, y nunca dejes de aprender ni de crecer.

Gracias por haberme acompañado en este recorrido. Deseo de corazón que las perspectivas, tácticas y estrategias compartidas aquí te sirvan para florecer a tu manera.

¡Que Dios te bendiga!

CONOCE
A LA AUTORA

—

Nací en Mountain View, California. Pasé gran parte de mi infancia en México, en el encantador pueblo de Degollado, Jalisco, donde fortalecí lazos con mi familia y amistades, cursé la primaria y me empapé de la riqueza de la cultura mexicana.

A los nueve años regresé a California. De repente, me encontré asistiendo a una escuela primaria estadounidense, donde tuve que reaprender gramática y vocabulario en inglés. Recuerdo haber luchado contra la inseguridad y la baja autoestima, ya que mis primeros años de estudio habían sido mayoritariamente en México, en español. Me sentía insegura al hablar; a veces usaba palabras incorrectamente o cometía errores gramaticales. Aquellos primeros años de regreso a Estados Unidos fueron difíciles, pero con el tiempo progresé, hice nuevas amistades y comencé a disfrutar de una vida social activa. Asistí a escuelas primarias y secundarias con gran diversidad cultural, lo cual me permitió crecer en un entorno profundamente enriquecedor.

Al comenzar la preparatoria, mi entorno social volvió a cambiar drásticamente. La escuela a la que asistí carecía de diversidad, y con frecuencia me sentía fuera de lugar.

Había muy pocos estudiantes hispanos o latinos, y me costaba encontrar con quién conectar. Ese sentimiento de diferencia y desconexión marcó mis años de preparatoria, mientras intentaba encontrar mi lugar. Con el tiempo, empecé a faltar a clases y a meterme en problemas. Sin embargo, mi camino tomó un giro positivo cuando ingresé a un programa de aprendizaje alternativo, con un enfoque más personalizado y clases vespertinas individuales con profesores atentos. Ese entorno me permitió concentrarme plenamente en mis estudios. Por primera vez en mucho tiempo, me sentí capaz y respaldada por educadores que realmente deseaban verme triunfar.

Gracias a ese programa, completé el último grado de secundaria y obtuve mi diploma de preparatoria. Ese mismo año me casé con mi esposo, Gabriel, un joven al que había conocido años atrás en la secundaria. Dios nos volvió a reunir, y estoy convencida de que tenía un plan para nosotros. Veintiséis años después, me llena de orgullo compartir que seguimos felizmente casados y que tenemos cuatro hijos maravillosos: Alejandra, Gabriel Jr., Isaac e Isaiah. Nuestro camino no ha estado libre de dificultades.

Hasta el día de hoy, mi esposo y yo compartimos la firme convicción de que "el fracaso no es una opción". Desde el inicio de nuestra vida juntos, sabíamos que haríamos todo lo necesario para cuidar bien de nuestros hijos y brindarles mejores oportunidades de las que nosotros tuvimos. Hemos trabajado duro para honrar ese compromiso y cumplir la promesa que hicimos a nuestra familia.

En los primeros años de mi carrera, siendo una madre joven, trabajé en el distrito escolar local, en una escuela secundaria. El trabajo me permitía cubrir los gastos, contaba con buenos beneficios y me resultaba muy gratificante. Tener los veranos y feriados escolares libres me daba la oportunidad de convivir y fortalecer el vínculo con mis hijos. Ocupé ese cargo durante trece años, pero, conforme los niños fueron creciendo, empecé a sentir que mi carrera se había estancado. Aunque era buena en lo que hacía y disfrutaba mi trabajo, sentía que ya no me desafiaba. Sabía que tenía un potencial sin explorar y que podía hacer mucho más con mi vida.

Comencé a observar a mi alrededor y a preguntarme qué quería hacer a continuación. Solía ver a otras madres recogiendo a sus hijos de la escuela, vestidas profesional y su porte elegante, y pensaba: "¡Qué chingonas han de ser en su trabajo!". Eran ejecutivas y profesionales del mundo corporativo, y escuchar cómo hablaban de sus funciones me parecía impresionante... y, al mismo tiempo, ajeno. Mi experiencia había sido casi exclusivamente en el ámbito educativo. Sin embargo, aquella inspiración encendió algo dentro de mí: supe que debía explorar otro camino profesional para descubrir en quién podía convertirme y cómo eso impactaría positivamente a mi familia.

Con el apoyo y aliento de mi esposo, comencé a explorar maneras de forjarme una carrera en la industria tecnológica. Reflexioné sobre las habilidades que ya tenía en contabilidad, planificación, logística, comunicación y gestión de eventos, y cómo podrían trasladarse a un puesto de apoyo ejecutivo u operaciones dentro del sector tecnológico. A lo largo de los años, había desempeñado múltiples roles, desarrollando una valiosa experiencia y adquiriendo capacidades que estaba convencida serían completamente transferibles.

Empecé a buscar trabajo y enviar solicitudes. Como muchos saben, recibir rechazos constantes puede ser desalentador. Me rechazaron muchas veces —al menos una docena— y empecé a dudar de mí misma: tal vez mis habilidades no eran suficientes para el mundo corporativo en Estados Unidos. Aun con esas dudas, decidí seguir adelante.

En ese momento hablé con una mujer a la que respeto mucho: una amiga de mi madre. Ella era madre soltera, tenía un cargo ejecutivo en una importante empresa de tecnología y estaba triunfando. Le conté mis aspiraciones y lo que intentaba hacer por mi familia y por mí misma. Su consejo fue que cambiara de estrategia: en lugar de intentar un puesto lateral, debía apuntar a un puesto de nivel básico y simplemente concentrarme en poner un pie dentro de la industria. Estaba segura de que, una vez que lograra entrar, crecería rápidamente. Su consejo me hizo sentido y me inspiró. Comprendí que, a veces, es necesario dar un paso atrás para poder impulsarte hacia adelante.

Seguí su consejo, postulé a un puesto de nivel básico y, en efecto, me llamaron para una entrevista. Poco después, recibí una oferta de trabajo. Así, de un momento a otro, mi vida estaba a punto de cambiar... y yo sentía un miedo enorme.

Con la oferta en mano, me invadió el miedo; empecé a enumerar todas las razones por las que debía rechazar el puesto y quedarme en mi trabajo seguro en la escuela. ¡¿Estaba loca, no?! Era mi miedo al fracaso manifestándose. Pero después de muchas conversaciones con mi esposo, me animó a arriesgarme y me recordó que no tenía nada que perder. Si no lo intentaba, nunca sabría de lo que era capaz. Además, me señaló que estaba saliendo del distrito escolar en buenos términos y con una excelente reputación, así que siempre podría regresar si las cosas no salían bien. En el fondo, sabía que tenía razón. No podía permitir que el miedo me detuviera. Y entonces... ¡acepté la oferta!

Meses después, ya trabajando como recepcionista en la empresa tecnológica, me sentía entusiasmada y desafiada. Formaba parte del equipo de instalaciones corporativas e inmobiliarias, y tenía un jefe que me guiaba y me motivaba a involucrarme en todos los aspectos posibles del negocio.

Estaba decidida a tener éxito y dispuesta a contribuir en todo lo que estuviera a mi alcance. Pronto comencé a colaborar de forma transversal, participando en proyectos especiales con los equipos de ingeniería, soporte al cliente, finanzas, marketing y operaciones de ventas. Brindaba apoyo tanto a ejecutivos como a sus asistentes, y gestionaba el centro de presentaciones ejecutivas. Hacer preguntas me ayudó a conectar las piezas y a comprender mejor el negocio. Salir de mi zona de confort durante ese período fue una experiencia valiosa y profundamente significativa.

Parte de mi aprendizaje consistió en buscar constantemente el significado de siglas, ya que tanto el lenguaje como el entorno corporativo eran completamente nuevos para mí. Escuchaba acrónimos como EBC, QBR, CSAT, KPI, OPEX, CAPEX, ROI y TTR en conversaciones y correos electrónicos, y no tenía idea de qué significaban. Para comprender mejor esa terminología y los fundamentos del mundo empresarial, dediqué tiempo a investigar y a preguntar a mis colegas, quienes nunca me hicieron sentir inadecuada por hacerlo. Estar en un entorno alentador me dio la confianza para pedir aclaraciones y orientación. Abracé con entusiasmo la curva de aprendizaje y estoy profundamente agradecida a todos los maestros y mentores (ustedes saben quiénes son) que se tomaron el tiempo de explicarme prácticas clave y apoyar mi desarrollo.

En poco tiempo me familiaricé con marcos de trabajo, buenas prácticas, estructuras organizativas y el ritmo del negocio. Como resultado, hice la transición a un puesto como asistente ejecutiva, brindando apoyo al director de Éxito del Cliente y Servicios Globales. La estrategia de empezar desde abajo, junto con el esfuerzo constante, dio fruto.

Como asistente ejecutiva, me sentía plena en mi rol y disfrutaba de mi carrera. El ejecutivo con quien trabajaba fue un maestro y mentor excepcional. Nos tomó tiempo construir una relación de confianza —como suele ocurrir con cualquier nuevo jefe—, pero una vez que logré consolidarme, reconoció mi potencial y comenzó a incluirme en proyectos más importantes y de mayor impacto. Me confió una amplia variedad de tareas más allá de mis responsabilidades cotidianas: desde apoyar en la planificación del negocio y la elaboración de informes de métricas, hasta coordinar activamente y participar en sesiones estratégicas y revisiones trimestrales del negocio.

Participar en estas sesiones estratégicas de alto nivel me brindó una enorme cantidad de aprendizajes sobre la industria. Pude observar cómo los líderes ejecutivos se involucraban, formulaban preguntas complejas y compartían sus procesos de pensamiento detrás de la planificación estratégica, así como la manera en que utilizaban las métricas para orientar el rumbo del negocio. Estas experiencias fueron invaluables para profundizar mi comprensión de la empresa y afinar mis habilidades analíticas y de pensamiento estratégico.

Con el tiempo, me fui involucrando en cada vez más proyectos, buscando oportunidades para aportar valor donde fuera posible. Esta actitud proactiva no solo amplió mis competencias, sino que también fortaleció mi confianza. Empecé a sentirme más segura de mis capacidades, sabiendo que podía enfrentar desafíos complejos y obtener resultados. Estaba dando pasos firmes en mi crecimiento personal y profesional, y con cada logro, esa voz de duda que me había limitado durante tanto tiempo finalmente comenzó a apagarse.

En busca de seguir creciendo y desarrollándome, dejé mi primera empresa tecnológica y me uní a una pequeña startup (una empresa emergente en sus primeras etapas).

Allí me enfrenté a desafíos que no había anticipado y que jamás imaginé vivir. El ambiente laboral era hostil y, por momentos, francamente tóxico. Navegar esa realidad fue una de las etapas más difíciles de mi carrera.

Sin embargo, por más dura y desafiante que haya sido, creo que Dios me puso en esa situación por una razón. Estoy convencida de que había un propósito detrás de la dificultad

Esa experiencia me obligó a poner en práctica muchas de las tácticas y estrategias que comparto en este libro: desde gestionar mis emociones, establecer límites y no comprometer mis valores ni mi integridad, hasta abrazar la incomodidad y evaluar constantemente mi salud mental y bienestar. Cada día representaba una prueba de resiliencia.

Aunque el entorno distaba mucho de ser ideal, se convirtió en un crisol de crecimiento. Aprendí muchísimo sobre mí misma, sobre cuánto era capaz de soportar y sobre la fuerza que se revela cuando una persevera. Fue una lección sobre cómo encontrar fortaleza interior frente a la adversidad y usar esa fuerza para avanzar, sin importar cuán difícil sea el camino.

Después de ese periodo tan desafiante, tuve la fortuna de unirme a otra startup, y la experiencia fue completamente distinta. La cultura empresarial era positiva, solidaria e inclusiva. Me rodeé de personas increíbles que creían en la colaboración y la innovación.

Ese nuevo rol me permitió ampliar mis conocimientos en ingeniería dentro del sector tecnológico, construyendo sobre lo que ya sabía y fortaleciendo mi experiencia. También tuve la oportunidad de interactuar de cerca con el CEO y otros altos ejecutivos, lo que me brindó una visión más profunda de los procesos de toma de decisiones estratégicas y del liderazgo en su nivel más alto.Esa etapa amplió mi comprensión de la industria tecnológica y reforzó mi aprecio por la importancia de una cultura empresarial sólida y positiva.

En ambos entornos —uno hostil y el otro colaborativo— crecí de formas que nunca habría imaginado. El contraste entre estas experiencias reafirmó muchas de las lecciones que comparto a lo largo de este libro. Sin importar el entorno, siempre existen oportunidades para aprender, crecer y salir más fortalecida del otro lado.

Unos años después, recibí una llamada con una oportunidad para unirme a otra empresa tecnológica en el área de analítica, como Chief of Staff (Directora de Operaciones Ejecutivas) dentro de una organización enfocada en la experiencia del cliente. Este puesto representaba un ascenso significativo para mí, y me sentía emocionada de asumir el desafío. Mi tiempo en esta posición fue transformador y extraordinario para mí, ya que me impulsó a crecer de maneras nuevas y profundas, desafiándome constantemente a salir de mi zona de confort.En esta empresa, trabajé de cerca con el Director Ejecutivo de Experiencia del Cliente y con otros líderes sénior. En mi rol, además de liderar las operaciones ejecutivas y las comunicaciones, también impulsé y patrociné iniciativas enfocadas en la experiencia del empleado, las cuales fueron tanto gratificantes como impactantes. Estuve profundamente involucrada en la medición del compromiso de los empleados mediante análisis basados en datos y en la formulación de estrategias específicas para atender las áreas que requerían atención. Una de mis responsabilidades clave fue implementar programas de reconocimiento que celebraran los logros, asegurando que los empleados se sintieran valorados y motivados. Además del reconocimiento, introduje iniciativas orientadas a fortalecer la conexión, promover el aprendizaje y ampliar las oportunidades de desarrollo. Estos programas fueron diseñados para fomentar una cultura de pertenencia y crecimiento continuo, asegurando que cada persona contara con las herramientas y el apoyo necesarios para prosperar.

También colaboré con líderes y equipos de Recursos Humanos durante los ciclos de evaluación del desempeño y las sesiones de calibración de talento. Esta labor incluyó brindar retroalimentación y recomendaciones para garantizar que las evaluaciones y prácticas fueran justas, coherentes y alineadas con los objetivos estratégicos y los valores de la empresa.

A través de estos esfuerzos, contribuí a crear un entorno de trabajo donde las personas pudieran sobresalir, impactando de forma positiva tanto en su crecimiento profesional como en el éxito general de la organización.

Además, tuve la fortuna de contar con varias oportunidades significativas para brindar mentoría y facilitar sesiones valiosas para nuestros pasantes de verano. Esta experiencia fue especialmente gratificante, ya que me permitió compartir mis conocimientos y vivencias con la próxima generación de profesionales, ayudándoles a navegar las primeras etapas de sus carreras.

También trabajé de cerca con equipos multifuncionales y ejecutivos para identificar objetivos de negocio y formular estrategias alineadas con nuestras metas generales e imperativos organizacionales. Este rol exigía un alto nivel de colaboración, planificación proactiva, pensamiento estratégico y adaptabilidad: habilidades que cultivé y perfeccioné durante mi tiempo allí.

En general, este puesto me brindó una gran cantidad de experiencias enriquecedoras y desafíos. Fue un período de crecimiento profesional y personal significativo, y las lecciones que aprendí seguirán guiando mi camino a lo largo de la carrera.

Sin embargo, incluso los roles más gratificantes pueden traer consigo desafíos inesperados. Mi etapa como directora de Operaciones Ejecutivas se vio interrumpida por una reducción de personal en la empresa, y fui despedida–un evento profundamente desalentador. Este capítulo inesperado en mi trayectoria puso a prueba mi resiliencia y me obligó a mirar la incertidumbre de frente.

Por más decepcionante que fuera, ese momento se convirtió en un catalizador para algo extraordinario. Me dio el tiempo, el espacio y la determinación para enfocarme en dos proyectos fundamentales: completar este libro y lanzar Flourish Learning and Development LLC.

Así nació Flourish, donde hoy dedico mi energía a lo que más me apasiona: acompañar a otras personas en sus desafíos profesionales y en el descubrimiento de su verdadero potencial.

Esta desviación inesperada reforzó una verdad importante que comparto a lo largo de este libro: la adversidad, aunque desafiante, a menudo allana el camino hacia el crecimiento y la transformación. Las lecciones que he aprendido a lo largo de mi trayectoria son ahora la base de las estrategias y perspectivas que me emociona compartir contigo en estas páginas.

Todas esas experiencias me transformaron por dentro y por fuera: fortalecieron mis habilidades profesionales y reafirmaron mi compromiso de crecer y dar siempre lo mejor de mí.

Mientras continúo mi camino, me siento emocionada por el futuro y por las infinitas posibilidades que me esperan. Espero que Enciende tu crecimiento te inspire a perseguir tus sueños, abrazar la incomodidad, tomar riesgos e invertir en tu desarrollo personal y profesional.

Gracias por acompañarme en este viaje.

RECURSOS

EBC
Executive Briefing Center (centro de presentaciones ejecutivas)

QBR
Quarterly Business Review (revisión trimestral del negocio)

CSAT
Customer Satisfaction (satisfacción del cliente)

KPI
Key Performance Indicators (indicadores clave de desempeño)

OPEX
Operating Expenses (gastos operativos)

CAPEX
Capital Expenses (gastos de capital)

ROI
Return on Investment (retorno sobre la inversión)

TTR
Time to Resolution (tiempo de resolución)

CRM
Customer Relationship Management (gestión de relaciones con clientes)

Recursos para hablar en público

Organizaciones
Toastmasters International
www.toastmasters.org

Nota: Busca capítulos locales en tu país o comunidad.

Libros
Talk Like TED, de Carmine Gallo
El arte de hablar en público, de Dale Carnegie (disponible en español)

Videos
"Power Poses", de Amy Cuddy (TED Talk)

Cursos en línea
Coursera
www.coursera.org

Udemy
www.udemy.com

LinkedIn Learning
www.linkedin.com/learning

Salud mental

Box Breathing (técnica de respiración de caja)
www.calm.com/blog/box-breathing
Nota: Ejercicio de respiración para reducir el estrés y la ansiedad.